Inhaltsverzeich

Spring hinein ins volle Leben

Vorwort
Birgit Schiling

Ich nehme es gleich vorweg: *Spring hinein ins volle Leben* ist nicht nur der Titel dieses Buches, sondern, mit einem t versehen, eine treffende Beschreibung der Autorin: »Sie springt hinein ins volle Leben«.

Kerstin lebt das, worüber sie schreibt. Wo ich das beobachtet habe? Zum Beispiel, als wir beide an einem nasskalten Novembertag nach kreativen und auch mühsamen Stunden Schreibarbeit im »Café Slavia« in Berlin bei köstlichen böhmischen Mirabellenklößen den Feierabend mit allen Sinnen genossen. Oder als Kerstin bei unserer Familie zu Gast war und in Gesprächen mit uns und unseren drei quirligen Teenagern einfühlsam zuhörte und uns inspirierte das Leben zu wählen. Oder während wir auf einer Tandemtour an der Ahr entlang uns an der Natur freuten und von Zeit zu Zeit über beziehungsförderliches oder -feindliches Verhalten redeten.

Ich erlebe es immer wieder, dass Kerstin, sobald sie auf innere, das Leben behindernde Festlegungen und Verhaltensmuster stößt, so lange dran bleibt, bis sie den Eindruck hat, es in der Tiefe gelöst zu haben.

Über positives Feedback kann sich Kerstin so von Herzen freuen und bei kritischem Feedback hält sie inne, bis sie den Eindruck hat, den hilfreichen und lebensfördernden Kern dieser Botschaft verstanden und gelernt zu haben. Immer wieder entscheidet sich Kerstin gegen den Tod und für das Leben. Darin ist sie mir ein Vorbild, das mich anspornt mein Leben wirklich lebendig zu leben.

Mich hat dieses Buch neu inspiriert den gegenwärtigen Moment mit allen Sinnen wahrzunehmen und zu genießen, das Leben heute zu spüren, zu schmecken, zu riechen und zu berühren und nicht auf das Morgen zu verschieben. Kapitel 2 hat mich herausgefordert kraftvolle Entscheidungen zu wagen.

Kerstin inspiriert nicht nur mich, sondern durch Beratung, Bücher und Freundschaften viele Menschen, mit Gottes Hilfe das Leben neu zu ergreifen.

Dieses Buch lädt auch Sie ins volle Leben ein und wird Ihnen sicher viele Impulse geben, Ihr Leben lebendiger zu gestalten.

August 2007 BIRGIT SCHILLING

Birgit Schilling ist Supervisorin und Beraterin und lebt mit ihrer Familie bei Köln.

Einleitung

Habe keine Angst davor, dass dein Leben eines Tages endet.
Fürchte lieber, dass du versäumt hast, es richtig zu beginnen.
(John Henry Newmann)

»Atmen Sie! Atmen Sie!«, waren die ersten Worte, die ich hörte, als ich nach einer Mandeloperation aus der Narkose erwachte. »Das tue ich doch, ich bin doch nicht blöd!«, antwortete ich schlagfertig. Ich hatte nicht verstanden, dass die Krankenschwester mir sagen wollte, ich sollte nicht nur irgendwie atmen, sondern tief Luft holen, um meine Lungen neu mit Sauerstoff zu füllen, alle betäubenden Stoffe aus meinem Körper zu entfernen und neue Kraft zu tanken.

Wir leben und atmen alle. Das ist das Normalste, was wir tun. Aber gleichzeitig scheint es das Schwerste zu sein. »Lebe doch, lebe voll und ganz!«, ruft uns das Leben täglich hundertfach zu. Beschäftigt mit tausend Dingen antworten wir, ohne der Frage echte Aufmerksamkeit zu schenken: »Ich lebe doch, ich bin doch nicht blöd!« Dabei existieren wir häufig nur, statt unser Leben voll und tief zu leben.

Echtes Leben ist voller Offenheit, Begegnung, Bewegung und Dynamik; hat Tiefe und Nähe und ist erfüllt von Gestaltungskraft und Begeisterung. Menschen, die innerlich lebendig sind, können selbst über ein verwelktes Blatt staunen und die Begegnung mit einem griesgrämigen Busfahrer zu einem Erlebnis werden lassen. Wer es wagt, sich ganz auf das Leben einzulassen, kann es an guten wie an schlechten Tagen intensiv erleben. Aber vielfach sind wir vom Leben weit entfernt.

Wir werden geboren und erhalten mit der Geburt die Einladung, unser einmaliges, einzigartiges, nie wiederkehrendes Leben zu leben. So zu leben, wie nur wir mit der einmaligen Kombination unserer Gene, Beziehungen und Erfahrungen es leben können.

Aber wir werden auch unser Leben lang mit dem Tod konfrontiert. Zum einen durch die Tatsache, dass unser Leben auf dieser Erde zeitlich begrenzt ist und eines Tages enden wird.

Diejenigen, von uns, die nicht mehr ganz so jugendlich sind, spüren vielleicht in ihren Knochen, Muskeln, Sehnen, Augen, dass nicht mehr alles so lebensdurchflutet ist, wie es einmal war, dass manches knackt und zieht und sich nicht mehr so leicht bewegt wie in jüngeren Jahren.

Zum anderen kann Tod uns durch Trennung oder Verlust eines geliebten Menschen begegnen, oder beim Verlust einer erfüllenden Aufgabe ereilen. Aber auch schmerzhafte, verletzende Begegnungen, Mobbing, Hass, Krankheit und Schicksalsschläge sind »Tod im Kleinformat«. Ganz zu schweigen von den kleinen Widrigkeiten des Alltags: schlecht gelaunte Busfahrer, nicht funktionierende Geräte, unerwartete Regengüsse, Verspätungen und Pannen. Tod begegnet uns immer dann, wenn jemand durch sein Verhalten etwas von unserer Lebendigkeit angreift, wenn er oder sie giftig reagiert, uns ignoriert oder ungerecht behandelt, übersieht, benachteiligt, betrügt, belügt, enttäuscht und verletzt.

Jedes Mal, wenn uns etwas Hartes, Kritisches oder Vernichtendes begegnet, stehen wir in Gefahr, innerlich auch ein Stück weit abzusterben. Dennoch haben wir bei jeder Begegnung mit dem Tod – egal ob es sich um einen großen oder kleinen Tod handelt – die Möglichkeit zu wählen, wie wir reagieren. Wir können innerlich mit in den Tod gehen oder am Leben bleiben.

Wir können wählen, ob wir bei negativen, tödlichen Erfahrungen selbst ein Stück sterben, indem wir steif, hart, kalt, abweisend und verschlossen werden. Oder wir wählen, innerlich lebendig zu bleiben. Nicht nur physisch überleben, sondern innerlich nah am Leben bleiben. Aufgeschlossen, nahbar, achtsam, begeisterungsfähig und beziehungsorientiert. Diese Wahl können und müssen wir immer wieder treffen. Sowohl in den tausend kleinen Alltagsbegegnungen als auch bei großen, stark prägenden schmerzhaften Ereignissen.

Wir können das Leben nicht »machen«, es ist einfach da und bietet sich uns an. Aber wir haben in jedem Moment, ob wir es realisieren oder nicht, die Möglichkeit, uns dafür oder dagegen zu entscheiden, uns auf das Leben einzulassen.

In Psychologie und Religion wird dieser Prozess des »lebendig Bleibens« mit unterschiedlichen Begriffen benannt. Die Psychologie bezeichnet es als die Wahl zwischen einer Haltung des Lernens (Leben) und einer Haltung des Selbstschutzes (Tod).

Die christliche Theologie bezeichnet, angelehnt an das Wort »Sund« (der trennende Graben), destruktive Haltungen und Handlungen als Sünde und gute Handlungen, die Leben spenden, als Gerechtigkeit. Sünde ist im wörtlichen Sinn keine moralische Verfehlung, sondern eine Lebensverfehlung. Andere Religionen bezeichnen den gleichen Sachverhalt mit anderen Begriffen. Egal welche Worte man wählt, es geht im Leben immer um die Frage, ob wir uns nach schmerzhaften Momenten dem Leben verschließen oder ob wir uns ihm wieder zuwenden und so seine Chancen und Herausforderungen annehmen.

Meist treffen wir die Wahl für oder gegen das Leben unbewusst. Wir reagieren einfach irgendwie: Mal genervt, mal verzeihend, mal wütend, mal kommunikativ. Und weil wir in unserem Leben bereits Millionen großer und kleiner Entscheidungen getroffen haben, sind bestimmte Reaktionsmuster fest eingeübt. Wir glauben, dass wir gar nicht anders, als auf eine bestimmte Art und Weise reagieren können.

Aber das muss nicht so sein und bleiben. Kein Mensch muss in alten lebensraubenden Mustern gefangen bleiben. Wir können uns jeden Moment neu entscheiden, uns auf das Leben einzulassen.

Dieses Buch ist mit seinen Schilderungen und Beispielen, aber auch den Fragen und Übungen, die es anbietet, eine Einladung sich unbewusst ablaufende Prozesse ein Stück bewusster zu machen und zu erkennen, was unterschwellig eigentlich abläuft. Es ermutigt dazu Denk- und Verhaltensmuster, die man nicht mehr länger praktizieren möchte, abzulegen. *Spring* gibt Impulse, darüber zu reflektieren, welche lebensfördernden Haltungen und inneren Einstellungen man stärker in das eigene Leben integrieren möchte. Und es fordert dazu heraus, an der einen oder anderen Stelle die Entscheidung zu treffen, sich auf die jeweils ganz eigene Weise – vielleicht neu und tiefer – auf das Leben einzulassen. Da jeder ganz eigene Stellen hat, an denen er oder sie sich dem Leben verschließt, werden manche Passagen jeweils wichtiger sein als andere. Ich mache Ihnen Mut, dem, was Sie besonders anspricht, stärker nachzugehen und es zu vertiefen.

In meinem Buch *Swing – Dein Leben in Balance* habe ich beschrieben, welche Handlungen das Leben stärken. Ich habe dazu eingeladen, die sieben Grundelemente des Lebens in den Alltag zu integrieren. *Swing* beschreibt vor allem Handlungen, die zu einem ausgewogenem und dynamischen Leben beitragen.

Spring hingegen beschäftigt sich mehr mit den Haltungen, die Leben fördern oder verhindern. Es ist eine Einladung, Blockaden abzulegen und Einstellungen zu entwickeln, die dazu beitragen, dass mehr Leben fließen kann – in uns und zu anderen.

Spring habe ich besonders für diejenigen von Ihnen geschrieben, die durch schmerzhafte Erfahrungen und Schicksalsschläge innerlich in Distanz zum Leben gegangen sind und wieder neu lernen möchten, sich lebendiger zu fühlen und sich offener und lebensspendender zu verhalten. *Spring* ist aber auch ein Buch für alle, deren Leben ohne besonders tragische Ereignisse verlief und die »ganz normal« leben. Wenn Sie dennoch im Alltag Lebensfreude vermissen, sich innerlich abgestorben und unlebendig fühlen, dann lädt *Spring* Sie auf eine Reise ins Leben ein, auf der sie lernen können, das Leben tiefer und intensiver zu erleben.

Sie können *Spring* in einem Zug durchlesen oder Abschnitt für Abschnitt zum Beispiel 31 Tage lang. Am Ende jedes Abschnittes finden Sie eine Reihe von Impulsen. Sie können diejenigen auswählen, die Sie am meisten ansprechen und gleich nach dem Lesen aufgreifen. Oder sie zu einem späteren Zeitpunkt intensiver betrachten. Ganz nach Laune.

Spring ist wie ein bunter Blumenstrauß, der als Ganzes wirkt. Manche »Blumen« werden ihre Wirkung für Sie dann besonders entfalten, wenn Sie sich intensiver auf einen Gedanken einlassen, nachdenken und nachspüren, was ein Abschnitt in Ihnen auslöst. Es kann gut sein, dass Sie manche Abschnitte öfters lesen wollen, um sie zu vertiefen. Die Schutzmechanismen, die wir über lange Zeit hinweg aufgebaut und eingeübt haben und die uns daran hindern, das Leben voll und tief zu erleben, verschwinden nicht über Nacht. Meist ist ein bewusster Prozess, sich dem Leben neu zuzuwenden, nötig. Aber es lohnt sich. Haltungen, die man anfänglich bewusst einüben muss, werden im Laufe der Zeit zu guten, lebensfördernden Gewohnheiten und schließlich zu einem ganz selbstverständlichen Teil unseres Charakters. Die Mühe, die man am Anfang investiert, macht sich langfristig in leichter und froher gelebtem Leben bezahlt.

Manchmal gelingen uns diese Veränderungsprozesse nicht alleine. Wir brauchen Menschen, die uns auf diesem Weg begleiten. Es ist deshalb eine gute Idee, *Spring* gemeinsam mit dem Partner oder einem oder mehreren vertrauten Freunden zu lesen und sich über die Erfahrungen auszutauschen.

Spring ist – wie könnte es anders sein – aus der Auseinandersetzung mit einer schmerzlichen Lebenssituation entstanden, in der ich mich über eine längere Zeit hinweg fast täglich gefragt habe, ob ich im Schmerz erstarren oder am Leben bleiben werde – und was ich wählen will. Ich habe mich in 1001 Situation für das Leben entschieden und es hat sich gelohnt.

Nun möchte ich gerne die Schätze mit Ihnen teilen, die ich in dieser schweren, aber wertvollen Zeit entdeckt habe. Ich wünsche Ihnen, dass Sie beim Lesen innerlich lebendiger werden und lernen, lebendig zu bleiben.

Berlin, im Herbst 2007 Herzlichst, Ihre KERSTIN HACK

1

Sehen

Wer noch staunen kann,
wird auf Schritt und Tritt beschenkt.
(Beat Rink)

»Mach doch die Augen auf!«, schreien einen Leute an, wenn man auf der Straße fast oder tatsächlich mit ihnen zusammen gestoßen ist oder nur knapp einen Unfall vermieden hat. Sie meinen damit meist nicht, dass man die Augenlider heben, sondern vielmehr dass man dem, was man mit den Augen sieht, mehr Beachtung schenken sollte. Mit offenen Augen durch die Welt zu gehen, schützt unser Leben vor Verletzungen und Unfällen. Und es bereichert uns durch eine Vielzahl von interessanten visuellen Eindrücken.

Ein toter Mensch sieht nichts mehr. Das Erste, was man tut, wenn jemand gestorben ist, ist ihm die Augen zu schließen. Dadurch bringt man zum Ausdruck: Sein Leben ist zu Ende. Er sieht nichts mehr. Ein toter Mensch kann nicht mehr sehen, riechen, tasten, fühlen oder hören – mit dem Ende des Lebens sind auch die fünf Sinne abgestorben. Es ist das Privileg der Lebendigen, sehen zu können und das Leben mit allen Sinnen zu erfahren.

In der Schöpfungsgeschichte, die mit wunderschönen Bildern das Werden des Lebens auf der Erde beschreibt, ist der erste Tag der Erschaffung des Lichts gewidmet. Man könnte sich die Geschichte auch anders vorstellen: Gott hätte die Welt ja auch im Verborgenen schaffen und später wie ein Zauberkünstler »Simsalabim« rufen und erst dann das Licht anschalten können, damit alle das Meisterwerk bestaunen können. Aber nein, als Erstes – noch bevor all die anderen Lebewesen, Tiere, Pflanzen und Menschen erschaffen werden – wird das Licht kreiert. So dass alles offen und sichtbar ist – weil wir ohne Licht das Leben nicht sehen, uns kaum orientieren und Dinge sehr viel schwerer entdecken können.

In einem Schulaufsatz schrieb ein kleines Mädchen auf die Frage, was die sieben Weltwunder sind: »Sehen, Hören, Schmecken, Berühren, Laufen, Lachen und Lieben.«[1]

Es gibt unzählige Kursangebote und Bücher, die die Kunst des Innehaltens lehren. Dieses Thema hier tiefer zu behandeln, würde den Rahmen des Buches sprengen. Mir ist jedoch sehr wichtig, dass es beim Innehalten nicht in erster Linie darum geht, zur Ruhe zu kommen, um Stress abzubauen und die Welt um sich herum zu vergessen. Es geht vielmehr darum, neu Raum dafür zu schaffen, das Leben in sich aufnehmen zu können.

Vor mir stehen Tulpen in einer Vase. Genauer gesagt, kann man nur von sechs Tulpen sagen, dass sie stehen. Die anderen vier hängen eher. Alle zehn Tulpen haben die gleiche intensive honiggelbe Farbe und doch sieht jede einzigartig und individuell aus. Einige sind offensichtlich standfester als andere. Manche der Blütenkelche sind noch ganz verschlossen, andere schon etwas weiter geöffnet. Eine der Tulpen hat ihre acht Blütenblätter so ungleichmäßig, regelrecht unordentlich geöffnet, als hätte sie es kaum erwarten können, sich der Sonne entgegen zu strecken. Die anderen wirken dezenter und zarter. Eine der Tulpen ist sehr zierlich. Sie erscheint fast wie eine Kindertulpe – etwas fehlplatziert in der Gruppe der erwachsenen, um Aufmerksamkeit heischenden Damen. Jede ist einzigartig – und ich kann es sehen, weil ich mir die Zeit zum Hinsehen nehme.

Ich kann sehen und fühlen. Ich spüre meinen Körper auf dem harten Bürostuhl und meine Finger auf der ungewohnten Tastatur eines geliehenen Laptops. Seit dem Kurzschluss gestern hat mein alter Laptop sein Leben ausgehaucht. Er tut gar nichts mehr. Absolut nichts. »Wow, so einen toten Computer habe ich noch nie gesehen!«, war der faszinierte Kommentar eines technikbegeisterten Freundes.

---

[1] Dr. S. Stephens, A. Gray: The worn out woman, Multanoah, 2004, S. 114f.

Ich kann an einem toten Computer, vor allem an meinem eigenen, nichts Faszinierendes finden. Ich finde tote Laptops frustrierend. Sie können nichts mehr aufnehmen und nichts mehr abgeben.

Umso mehr freue ich mich, dass ich lebendig bin. Ich kann sehen, fühlen, riechen, schmecken, hören. Und ich kann das, was ich mit meinen fünf Sinnen wahrnehme, verarbeiten und mit dem kombinieren, was ich schon weiß. Anschließend kann ich das, was sich in meinem Kopf an kreativen neuen Gedanken entwickelt hat, an andere weitergeben. Ich bin lebendig. Wie schön!

Betrachten

Solange ich meine Aufmerksamkeit nicht darauf richte, was vor meinen Augen geschieht, werde ich es einfach nicht sehen können... es hängt alles davon ab, ob man die Augen offen hält.
(Annie Dillard)

Vor einer Weile saß ich mit einer Freundin in einem Café. Sie erzählte mir, dass sie schon seit langer Zeit keine echte Lebensfreude mehr empfand und schon seit Monaten nicht mehr richtig fröhlich gewesen ist. Sie lebte ihr Leben. Von Tag zu Tag – aber Freude am Leben hatte sie schon lange nicht mehr gespürt. Ich lud sie zu einem Experiment ein und bat sie, die drei Zuckerstücke, die in einem Schälchen auf dem Tisch standen, zwanzig Sekunden lang eingehend zu betrachten. Anschließend bat ich sie, mir zu beschreiben, was sie gesehen hatte. Sie war etwas überrascht, aber folgte meiner Anweisung. Dann beschrieb sie ausführlich die knubbelige, unregelmäßige Form der Zuckerstücke aus braunem Rohzucker, die sie in Form und Farbe an Berggipfel erinnerten. Ich hörte ihr zu, aber noch mehr als ihre Worte faszinierten mich ihre Augen. Je ausführlicher sie jedes wahrgenommene kleine Detail der klumpigen Zuckerstückchen beschrieb, umso mehr leuchteten ihre Augen voller Leben. Sie strahlte vor Begeisterung über drei kleine, unregelmäßig geformte Zuckerstücke.

Sie hatte sich angestrengt, etwas anderem als ihren Sorgen bewusst Aufmerksamkeit zu schenken und das hatte in ihr Glücksgefühle ausgelöst. Für jede Anstrengung werden wir vom Körper mit Glücksgefühlen belohnt, egal ob es sich um körperliche oder geistige Anstrengung handelt.

Ich empfahl ihr, neu zu lernen, den kleinen Dingen des Alltags Achtsamkeit zu schenken: einem Blatt an einem Strauch, dem Gesicht eines Kindes oder den Wolken am Himmel.

Die meisten Menschen können einem Kunstwerk Aufmerksamkeit schenken. Aber wann haben Sie sich das letzte Mal genau angesehen, wie ein Teebeutel gefaltet ist oder wie klein die Schraube ist, die die beiden Seiten einer Nagelschere zusammen hält? Oder die zart gemusterten Flügel einer ganz einfachen Hausfliege betrachtet? Machen Sie einen Moment Pause und erinnern Sie sich: »Was habe ich heute gesehen?« Oder fragen sie sich: »Was sehe ich jetzt?«

Glückshormone werden ausgeschüttet, wenn wir Neues entdecken. Dabei ist es egal, ob man einen neuen Menschen kennen lernt, eine Stadt erkundet oder erstmals ein unbekanntes Café betritt. Mit Glück wird man auch belohnt, wenn man ein Aha-Erlebnis beim Lernen hat. Ich war kürzlich in England und habe endlich verstanden, wie das mit dem englischen König Heinrich VIII. und seinen sechs Frauen war. Okay, die politischen Zusammenhänge und alle seine Motive habe ich nicht verstanden, aber eine Freundin hat mir erzählt, wie sich englische Schulkinder einen Reim auf das eheliche Durcheinander des Monarchen machen: »Geschieden, geköpft, gestorben, geschieden, geköpft, überlebt.« Das kann ich mir merken. Ich habe etwas gelernt und es begeistert mich, dass ich es mir nun merken kann. Genauso begeistert bin ich, wenn ich ein Bild sehe, das etwas Altbekanntes aus neuer Perspektive zeigt oder ich in einem Buch oder Gespräch mit einem neuen Gedanken konfrontiert werde.

Wann immer wir etwas wahrnehmen und aufnehmen, bereichert uns das. Achtsamkeit beschenkt uns mit Glück. Aber sie kostet auch etwas. Das kommt im englischen *to pay attention* zum Ausdruck. Während wir im Deutschen sagen, dass wir einer Sache Aufmerksamkeit schenken, spricht man im Englischen davon, den Preis der Aufmerksamkeit zu zahlen. Darin kommt zum Ausdruck, dass es uns etwas kostet, auf Dinge zu achten.

Wir zahlen gerne den Preis der Aufmerksamkeit, die Zeit und Konzentration, die es uns kostet, einem anderen Menschen achtsam zuzuhören, weil wir spüren, dass es sich lohnt.

Das Leben ist voller beglückender Erfahrungen, wenn man beachtet man, was man sieht, fühlt, wahrnimmt und spürt. In dem Film *The Prestige* erklärt ein Zauberkünstler, der auf der Suche nach immer spektakuläreren Zaubertricks auch vor Verbrechen nicht zurück schreckte, was ihn motiviert hatte: »Die leuchtenden Augen der Zuschauer zu sehen, wenn sie etwas Neues, Faszinierendes erlebten.«

Um eigene oder fremde Augen zum Leuchten zu bringen, muss man keine Zaubertricks beherrschen – wohl aber die Fähigkeit entwickeln, diese zauberhafte Welt mit offenen, staunenden Augen zu betrachten.

Achtsamkeit erfordert Zeit. Wir schaffen vielleicht etwas weniger, wenn wir mit offeneren Augen durchs Leben gehen und Dinge bewusst wahrnehmen statt durchs Leben zu hetzen. Aber wir sind nach Tagen, die solche Momente des Innehaltens hatten, auch weniger geschafft, weil uns diese Achtsamkeits-Pausen mit Glück beschenkt haben.

Am Abend vor dem Einschlafen oder auch zu anderen Zeiten kann man sich die bewusst gespeicherten Bilder wieder ins Gedächtnis rufen. Nicht nur die Bilder werden wiederkommen, sondern auch das Gefühl der Schönheit und Zufriedenheit, welches wir beim ersten Betrachten hatten, wird sich wieder einstellen.

Fragen zum Weiterdenken

Was habe ich heute gesehen?

....

....

....

Woran möchte ich mich erinnern?

....

....

....

Wie will ich die Kunst des Hinsehens im Alltag mehr einüben?

....

....

....

Tipp

Besorgen Sie sich ein kleines Buch, in dem Sie Dinge notieren oder vielleicht auch zeichnen können, die Sie mit Achtsamkeit betrachtet und innerlich gespeichert haben. Immer wenn Sie dieses Buch zur Hand nehmen, werden auch die beglückenden Erinnerungen wieder wachgerufen.

Bewegt sein

Die wahre Entdeckungsreise ist keine Suche nach neuen Landschaften, sondern der Wunsch, mit neuen Augen zu sehen.
(Marcel Proust)

Heute Nacht hatte ich einen witzigen Traum. Ich träumte, dass ich nach einer Rudertour auf einem See und einer Radtour (so fit bin ich auch nur im Traum) ein Museum über die Geschichte des Kommunismus besucht habe. Die Vitrinen des Museums sahen meinem Badezimmerschrank (relativ klein und ziemlich voll) erstaunlich ähnlich. Nach dem Museumsbesuch ging ich durch eine malerische Kleinstadt mit engen, verwinkelten Gassen und durch ein Restaurant in einem historischen Gewölbe, das puritanisch schlicht und auch kaum besucht war.

Anschließend war ich bei einer goldenen Hochzeit eingeladen. Weil sich das Traumpaar bei der kommunistischen Jugend kennen gelernt hatte, schlug ein Gast vor, ihnen zu Ehren die internationale Hymne der Kommunistischen Bewegung zu singen.

Alle Gäste standen auf und sangen. Ich war erst ein bisschen irritiert, da der Text nicht zu dem Liedrepertoire gehört, das ich beherrsche. Nach einer Weile summte ich wenigstens aus Höflichkeit mit.

Als ich aufwachte, war mir relativ klar, welche Erlebnisse und Berichte ich in diesem Traum verarbeitet hatte: Ich hatte direkt vor dem Schlafengehen noch einiges im Badezimmerschrank gesucht. Und vor wenigen Wochen habe ich bei einem Besuch in Manchester auch das Museum der Arbeiterbewegung besichtigt, das eine faszinierende Sammlung von Dokumenten, Flaggen und Postern aus der Frühzeit der Arbeiterbewegung zur Schau stellt und ein spannendes Kapitel europäischer Sozialgeschichte beleuchtet. Außerdem hatte ich nur wenige Tage zuvor einen Artikel über eine Organisation gelesen, die eine alte Burg renoviert, sowie einen faszinierenden Artikel über einen Mann, der ein kleines, weitgehend verlassenes Bergdorf in der Toskana behutsam zu einem Hotel umbaut. Die wunderschönen Fotografien, die ich betrachtet hatte, sind wohl in meinem Traum wieder aufgetaucht – ich sah die alte Kleinstadt und das karg eingerichtete Restaurant.

Am ungewöhnlichsten war wohl die Art, wie ich im Traum einen Bericht über ein Lokal der Oberklasse in Rom, den ich gestern spätabends gelesen hatte, verarbeitet habe. Das Lokal wird von den katholischen Schwestern der Unbefleckten Empfängnis geführt. Es unterscheidet sich von anderen Edelrestaurants nur dadurch, dass um Mitternacht eine Nonne das Restaurant betritt, das *Ave Maria* anstimmt und alle Gäste mitsingen müssen. Das Textblatt liegt freundlicherweise auf den Tischen aus. Ich kann mich noch daran erinnern, dass ich beim Lesen dachte: »Das ist gut, ich wäre da ohne Textblatt aufgeschmissen!«

Vermutlich waren es die bei beiden Liedern fehlenden Textkenntnisse – ich kenne weder das lateinische *Ave Maria* noch den Text der *Internationale* und meine damit verbundene Unsicherheit, die im Traum zu dem interessanten Austausch des Liedgutes geführt hatte. Aber das ist nur eine Vermutung. Was genau mein Hirn sich dabei gedacht hat, wird mir wohl immer ein Rätsel bleiben.

Es ist jedoch offensichtlich, dass die Bilder, die wir sehen, in Erinnerung bleiben und uns prägen. Damit meine ich nicht nur, dass wir sie gespeichert haben und bewusst oder unbewusst abrufen können.

Sondern auch in jenem Sinne, dass das, was wir sehen, uns bewegt. Bilder sind nie nur »neutral«, sondern immer mit Emotionen verbunden.

Etwas Schönes zu sehen, berührt uns positiv. Wenn wir Schimmel sehen, empfinden wir Ekel. Bei Gewalt gegen Menschen erschrecken wir oder empfinden Wut und wollen schützend eingreifen. Wir strahlen beim Anblick eines geliebten Menschen. Wenn wir herrliche Natur oder Architektur wahrnehmen, sind wir begeistert und möchten den Schöpfer loben usw. Was wir sehen, bewegt uns innerlich.

Vor einer Weile habe ich im Kino den Film *La vie en Rose* über das Leben der berühmten französischen Chansonsängerin Edith Piaf gesehen. In einer Szene läuft sie als kleines Mädchen wegen einer Augenkrankheit mit verbundenen Augen an der Hand einer Begleitperson einen Gehweg entlang. Weil die Begleiterin nicht achtsam genug ist, läuft die kleine Edith mit verbundenen Augen voller Wucht gegen einen Laternenpfahl. Bei dieser Szene schrie das ganze Kino auf. Keiner der Kinobesucher hatte vermutlich zu diesem Zeitpunkt starke Schmerzen, aber den Schmerz eines anderen Menschen zu sehen, führte dazu, dass alle mitfühlten und scheinbar »grundlos« aufschrieen.

Etwas zu sehen, berührt uns und löst Gefühle aus – das ist ganz normal und gesund. Es kann jedoch auch sein, dass wir Dinge sehen und sich in unserem Inneren kaum noch etwas regt. Unser Herz fühlt sich vielleicht hart, kalt oder unbeweglich an. Das kann verschiedene Ursachen haben.

Der hochintelligente Autor C. S. Lewis beschreibt seine eigenen Erfahrungen folgendermaßen: »Als Denker sind wir von dem abgeschnitten, worüber wir nachdenken; genau wie Schmecken, Berühren, Wollen, Lieben, Hassen, verstehen wir es nicht klar. Je klarer wir denken, desto mehr sind wir abgeschnitten; je tiefer wir in die Wirklichkeit hineinkommen, desto weniger können wir denken. Man kann weder das Wesen der Lust studieren in dem Augenblick, wo man seine Braut umarmt, noch das Wesen der Umkehr, während man büßt, noch das Wesen des Humors, während man sich vor Lachen ausschüttet.«[2]

Auch wenn ich weit davon entfernt bin, C. S. Lewis intellektuell das Wasser zu reichen, kenne ich das, was er beschreibt, aus eigener Erfahrung.

---

[2] Aus »Gut gesagt. 2400 Zitate auf CD-Rom«, Down to Earth 2003.

Es gab und gibt Zeiten in meinem Leben, in denen ich vor lauter Nachdenken über alle möglichen Situationen, Umstände und Dinge das Leben selbst verpasst habe. Ich erlebe immer wieder, dass ich so viel über anstehende Arbeit, ungeklärte Beziehungen, offene Fragen und vieles mehr nachdenke, dass kaum mehr Raum fürs Fühlen, fürs Wahrnehmen bleibt. Da überlege ich schon während einer warmen Begrüßung, ob denn alle Getränke auf dem Tisch stehen – statt die Umarmung einfach zu genießen.

Sich Gedanken zu machen ist gut. Gedanken haben den Vorteil, dass sie nicht an die Gegenwart gebunden sind, sondern zeitlich in alle Richtungen reisen können.

Das ist sehr praktisch. Ich kann über etwas nachdenken, das in der Vergangenheit war oder etwas planen, das in der Zukunft sein wird. Ich kann mich auch an etwas erinnern, das ich früher einmal erlebt habe oder mich auf etwas freuen, das noch sein wird. Doch tief fühlen und empfinden kann ich nur im Moment. Nur wenn ich ganz im Hier und Jetzt bin, kann ich fühlen, was jetzt ist; kann erleben, erfahren, spüren, empfinden.

Ich bin eine Frau, die meist voller Gedanken und Pläne steckt, und mehr Ideen im Kopf hat, als sie verwirklichen kann. Erstaunlicherweise setze ich vieles von dem, was mir einfällt, auch um. Aber gerade weil ich so ideenreich bin, ist es für mich nicht immer einfach, mit meinen Gedanken nicht schon vorauszueilen, sondern in dem Moment lebendig zu bleiben, in dem ich gerade bin. Im Hier und Jetzt präsent zu sein, mich ganz auf den Augenblick zu konzentrieren und aufmerksam das wahrzunehmen, was jetzt ist. Dabei ist es egal, ob es sich um das konzentrierte Erledigen einer Aufgabe handelt oder um das Gespräch mit einem Menschen.

Wenn ich merke, dass ich mal wieder weit weg von meinen Gefühlen bin, und zu viel denke und zu wenig erlebe, versuche ich bewusst umzuschalten: »Ja, ich will jetzt hier sein. Hier in diesem Moment. Ich will jetzt achtsam auf das sehen, was ich sehe, will intensiv spüren, was ich gerade spüre, will aufnehmen, was ich gerade aufnehme. Ich will hier sein und mich dem Leben, meinen Aufgaben oder auch den Menschen, denen ich gerade begegne, ganz zuwenden. Jetzt.«

Fragen zum Weiterdenken

Was kann ich tun, um häufiger Momente zu erleben, in denen ich »ganz da« bin?

....

....

....

Wie will ich einüben, den Augenblick zu genießen?

....

....

....

Wer oder was könnte mir dabei helfen, das bewusste Sehen und Wahrnehmen einzuüben?

....

....

....

Experiment

Tun Sie so, als hätten Sie etwas noch nie gesehen. Was sehen Sie, wenn Sie Ihre Wohnung betrachten als wären Sie der Kunde eines Maklers, dem sie gezeigt wird. Oder als würden Sie den Weg zur Arbeit, zur Schule, zum Kindergarten, zum Einkaufen das erste Mal gehen. Versuchen Sie dabei, eine Sache zu entdecken, die für Sie etwas Besonderes ist. Prägen Sie sich diese Sache ein und freuen Sie sich in Zukunft immer bewusst, wenn Sie daran vorbeikommen.

Speichern

Für angenehme Erinnerungen muss man im Voraus sorgen.
(Paul Hörbiger)

05

So etwas Dummes! Da hatte ich jetzt eine Weile an diesem Abschnitt geschrieben. Plötzlich macht es »klick« und aus heiterem Himmel wird der Bildschirm schwarz. Ich hatte das Stromversorgungskabel meines Laptops nicht fest genug in den vorgesehenen Anschluss gesteckt. Das Ergebnis ist, dass die ganze vorausgegangene Arbeit umsonst war. All die Bilder und Erlebnisse, die ich in Worte gefasst hatte, waren nun verloren, weil ich sie nicht richtig abgespeichert hatte.

Was mit dem Computer hin und wieder passiert, geschieht uns mit unseren Köpfen häufig. Jeden Tag sehen wir Menschen, Dinge, Texte, Bilder. Manches davon ist nichts weiter als »Datenmüll«: überflüssige Werbung, Orte, die uns nichts bedeuten, Namen und Fakten, die uns nichts sagen. Anderes hingegen wäre es wert, bewahrt zu werden. Wird es jedoch nicht richtig gespeichert, geht es schnell verloren – für immer.

Ich schreibe dies auf dem Fußboden eines Hotelzimmers in Groß Dölln im Norden von Berlin. Gestern bin ich mit Bahn und Fahrrad hierher gefahren. In der S-Bahn und später in der schnuckeligen, nur einen Wagon langen schicken grau-gelben »Heidebahn«, betrieben von der Ostdeutschen Eisenbahn, las ich das Buch »Zonenkinder« von Jana Hensel. Die in Leipzig aufgewachsene Autorin, die zur Zeit der Wende gerade mal dreizehn Jahre alt war, beschreibt eindrücklich, dass es nach der Wende für die »Zonenkinder« keine Vergangenheit mehr gab, sondern nur noch Zukunft. Die grauen Fassaden ihrer Kindheit verschwanden hinter dem neuen farbigen Westanstrich ebenso wie die Worte, Fernsehsendungen, Kleidung, Verhaltensmuster und Veranstaltungen, die ihr vertraut waren.

Natürlich bot die Zukunft den jungen Ex-Zonenkindern ungeahnte Chancen – ganz anders als ihren Eltern, die mit dem Verlust der sozialen Sicherheit für die deutsche Einheit bezahlt haben und sich plötzlich im Alter von fünfzig Jahren von Job zu Job hangeln mussten, wenn sie überhaupt Arbeit fanden.

Trotz der ungeahnten Chancen, die die junge Generation der Zonenkinder zu nutzen weiß, beklagt die Autorin vor allem den Verlust ihrer Bilder. Während ihre Freunde aus dem Westen die Umbenennung von *Raider* zu *Twix* als einschneidendes Jugenderlebnis in Erinnerung haben, sind in ihrer Ost-Welt tausende von Dingen verschwunden, die ihr vertraut waren. In den Heimatorten ihrer Freunde aus dem Westen änderte sich wenig – sie bemerkten es sofort, wenn vor dem Rathaus eine neue Anschlagtafel aufgestellt oder ein Fußweg neu gepflastert wurde. Ihre Welt hingegen hat sich so rasend schnell verändert, dass keiner mehr die Veränderung kommentieren, geschweige denn sich noch daran erinnern kann, wie es früher war. Nur noch mit Mühe kann sie sich die Bilder von früher in Erinnerung rufen, als die neu benannte Straße noch Karl-Marx-Straße hieß und das Pflaster noch nicht mit Teer überzogen war, sondern die Kinder einlud, von Riss zu Riss zu springen. Sie vermisst es, Dinge zu sehen, die in ihr die Erinnerung, die Bilder und die Gefühle von Vertrautem wecken.

Gespeicherte Bilder wecken in uns nicht nur kognitive Erinnerungen und informieren uns: So waren die Fakten, das hat sich ereignet. Zum Beispiel von 1967-1979 fuhren meine Eltern einen gras-olivgrünen Trabant. Mit den Bildern werden auch die Gefühle geweckt, die mit dem Ereignis verbunden waren: So hat sich das angefühlt, als wir im bis oben hin bepackten Trabi nach Ungarn in den Urlaub fuhren, wie wir alle eng aneinandergedrückt beisammen saßen und bei jedem Schlagloch durchgeschüttelt wurden, die Nähe zueinander genossen und wie die kleine Schwester das Schlagloch-Hüpfen-Spiel lachend genoss.

Wir brauchen, um uns an etwas erinnern zu können und auch die damit verbundenen Gefühle zu wecken, innere Bilder. Die Bilder können natürlich auch Gerüche und Klänge sein, die wir mit bestimmten Erlebnissen oder Zeiten verbinden. Fast jeder Mensch hat zum Beispiel ein Bild davon, wie Weihnachten riecht und klingt – und das ist in jeder Familie anders.

Bilder geben uns Kraft – oder rauben uns Kraft, wenn es sich um schreckliche Bilder handelt, die wir lieber vergessen wollen. Besonders intensive Erlebnisse vergisst man nicht so schnell. Wir behalten prägende Erlebnisse in Erinnerung und wissen noch Jahre später wie der erste Kuss, die erste Urlaubsreise ohne Eltern oder erste Schultag war und sich anfühlte.

Wir erinnern uns auch an Situationen, die uns Angst eingeflößt haben: ein Unfall, Krieg oder auch nur an das eklige Gefühl versehentlich mit dem Rad über eine Igel-Leiche gefahren zu sein, wie es mir gestern passiert ist. Ich sah den überfahrenen Igel noch vor mir, konnte nicht schnell genug ausweichen und bin mit dem Vorderrad über den schon toten Körper gefahren. Tiefe Erlebnisse bleiben haften, darum muss man sich nicht bemühen.

Aber was ist mit den kleinen, unscheinbaren Dingen des Alltags, von denen Jana Hensel erzählt? Die Dinge, die keine große, lebensverändernde Bedeutung für uns haben, müssen wir bewusster speichern, um uns später an sie erinnern zu können.

In dem Kinderbuch *Frederick* wird die Geschichte der kleinen Feldmaus Frederick erzählt.[3] Alle Feldmäuse arbeiteten eifrig, um Wintervorräte anzulegen und schleppten Körner, Nüsse und Früchte in ihr Lager. Währenddessen lag Frederick auf einer Mauer in der Sonne, ließ sich von den Sonnenstrahlen wärmen und blickte in den Himmel. Die anderen Mäuse fanden das nicht so gut. Aber als der Winter kam und die Mäuse in ihrem dunklen kalten Loch saßen, war Frederick derjenige, der ihnen die Sonnenstrahlen und Farben des Sommers vor Augen malte. Er hatte sich die Zeit genommen, den Sommer in sich aufzunehmen und zu speichern und konnte nun an den kargen, trüben Wintertagen die Bilder neu hervorholen und mit den anderen teilen.

Wer in Winterzeiten seines Lebens – Momente, in denen es kalt und ungemütlich ist – warme Bilder in sich haben will, tut gut daran, sich beizeiten einen Vorrat anzulegen. Es gibt ganz unterschiedliche Strategien, um sich Bilder und Erlebnisse einzuprägen. Eine Freundin von mir imitiert manchmal das Auslösen einer Kamera und sagt sich damit: »Das will ich speichern und in Erinnerung behalten. Ich entscheide mich, Dinge bewusst und achtsam wahrzunehmen.«

Auf meinem Weg in den Norden Berlins habe ich manche Bilder bewusst in mich aufgenommen: Die Licht durchfluteten Birkenwälder, die rechteckig geformten Strohballen – etwas, das ich seit meiner Kindheit nicht mehr gesehen habe – das Heidekraut neben sandigen Wegen, die Großfamilie rot-schwarzer Käfer, die es sich in der rauen Rinde eines alten Baumes gemütlich gemacht hatte.

---

[3] Leo Lionni: Frederick, Beltz 2004.

Ich habe das Gefühl gespeichert, frühmorgens durch einen See mit leichtem Wellengang zu schwimmen, am anderen Ufer zu stehen und den Blick auf die enge Landzunge zwischen dem Döllnsee und dem Wuckersee zu richten. Dort, wo Göhring sein Jagddomizil Carinahall erreichtet hatte, das er am 28. April 1945 in die Luft sprengen ließ – natürlich erst nachdem er alle geraubten Kunstschätze daraus entfernt hatte. Auf einem alten Friedhof habe ich die Inschriften gelesen, in denen sich der Wandel der Zeiten widerspiegelte: »Was Gott thut, das ist wohlgethan« (auf dem Grab von Wilhelmine geb. Becker und Karl Dräger, † 1934) bis »Dein Humor bleibt unvergessen« (auf dem Grab von Heinz Jakowski, † 2002). Auf einem anderen Grab war zu lesen: »Dein Leben war einfach, du dachtest nie an dich, für andere zu sterben war dein Glück und deine Pflicht.« Auch der etwas holprige Reim offenbart den Geist der Zeit. Der Viehhändler, der da begraben lag, starb am 24. Mai 1916.

Ich habe diese Bilder bewusst in mich aufgenommen, Details betrachtet, mit dem bewussten Ziel, sie mir zu merken. Und jetzt, wo ich sie mir in Erinnerung zurückrufe, zaubern die Bilder ein Lächeln auf mein Gesicht.

Andere Menschen handhaben es so, dass sie am Ende des Tages noch einmal bewusst überlegen: Was von diesem Tag möchte ich in Erinnerung behalten? Welches Bild? Welches Erlebnis? Im April diesen Jahres habe ich mir einen Monat lang jeden Abend überlegt, welches Symbol diesen Tag für mich auszeichnet. Ich habe das Symbol in ein kleines Notizbuch geschrieben und dort und in meinem Internet-Tagebuch kommentiert.[4] Ich habe auch fast immer ein kleines Notizbuch dabei, in das ich mir Gedanken, Zitate oder auch kleine Erlebnisse notiere, die ich nicht vergessen möchte. An die oben zitierten Grabinschriften hätte ich mich allenfalls sinngemäß, aber nicht wörtlich erinnern können.

Man kann sich natürlich auch gemeinsam erinnern. Familienfeiern erfüllen häufig die Funktion Erinnerungen aufzufrischen, indem jeder Details beiträgt. Das ist herrlich und erfrischend, so lange man dabei vergessene Schätze wieder entdeckt. Problematisch wird es nur dann, wenn keine frischen Erinnerungen mehr erzählt werden, sondern die immer gleichen Geschichten, die durch das immer gleiche Erzählen viel von ihrer Lebendigkeit verloren haben.

---

4 www.kerstin.down-to-earth.de [Kerstin pur].

Ein guter Trick, um in solche Geschichten wieder Leben zu bringen, ist, nach Details zu fragen: »Was für ein Kleid hattest du da an?« »Erinnerst du dich noch an den Geruch der Schule in die du gingst?« »Wie sah dein Banknachbar aus? War er mager oder eher kräftig? Was war bemerkenswert an ihm?«

Eine bewusste Kultur der Erinnerung kann man nicht nur bei besonderen Anlässen wie Familienfeiern praktizieren. Sie kann auch in den Alltag eingebaut werden. Manche Familien pflegen die Tradition der Austauschrunde: An einem Abend pro Woche treffen sich alle Familienmitglieder und erzählen, was das schönste und das schwierigste Erlebnis der vorausgegangenen Woche war. Das hilft nicht nur, den Zusammenhalt der Familie zu stärken, sondern trägt auch dazu bei, dass Kinder früh lernen, Erlebnisse und die damit verbundenen Gefühle bewusst zu registrieren, mitzuteilen und somit auch lebendiger in Erinnerung zu behalten. Wer früh lernt, sich zu erinnern, wird es auch in späteren Lebensjahren besser beherrschen. Er wird auf einen reichen Schatz an gespeicherten Bildern zurückgreifen können, die auch weniger aktive Jahre reich und erfüllt machen.

Natürlich muss man nicht warten, bis man eine Familie hat, um bewusstes Erinnern einzuüben. Mann kann sich Fragen auch selbst stellen oder gemeinsam mit dem Partner oder Freunden darüber sprechen, was in der vorangegangenen Zeit besonders erinnerungswert war.

An manches muss man sich bewusst mehrfach erinnern, damit es der Erinnerung nicht wieder entkommt. Der Anlass für mein Wochenende im Norden Berlins war eine dort stattfindende Rückenschule. Ich spüre, dass ich Muskeln verwendet habe, die lange im Tiefschlaf gelegen haben und wie gut mir das tut. Ich hatte keine Ahnung in wie viele verschiedene Richtungen man Knochen und Muskeln bewegen kann – ich habe etwa 100 verschiedene neue Bewegungen gelernt, die ich noch nie vorher ausgeführt habe.

Okay, gelernt ist übertrieben. Ich bin sie mehrmals durchgegangen. Um sie wirklich zu beherrschen, werde ich mich in den nächsten Tagen aktiv an die einzelnen Übungen erinnern und die Bewegungen noch mal und noch mal einüben müssen – bis die Erinnerung fest in meinem Leben verankert ist und ich sie, wann immer ich sie brauche, abrufen kann.

Fragen zum Weiterdenken

Wie kann ich dafür sorgen, dass es in meinem Leben zu weniger »Abstürzen mit Datenverlust« kommt und ich mich an schöne Erlebnisse besser erinnern kann? Welche Entscheidungen könnten mir dabei behilflich sein? Welche Werkzeuge?

....

....

....

Was habe ich heute erlebt, das ich mir merken möchte? Wie will ich es mir einprägen?

....

....

....

Wen möchte ich häufiger fragen, was er oder sie Schönes erlebt hat?

....

....

....

Wen kann/möchte ich bitten, mich häufiger nach meinen schönen Erlebnissen zu fragen und mir so beim Erinnern zu helfen?

....

....

....

Tipp

Nehmen Sie sich Zeit mit einem Menschen, den Sie schon lange kennen, über »Früher« zu reden und Erinnerungen auszutauschen. Fragen Sie die Person nach Details von Geschichten, die Ihnen bisher nicht bekannt waren.

2

Wählen

Ich könnte mir in allen großen Zeitungen des Landes folgende Mitteilung vorstellen: Wichtige Mitteilung an alle Bürgerinnen und Bürger: Die Welt ist hier und jetzt!
(Jostein Gaarder)

Der Tod ist ein geschlossenes System. Wenn der Sargdeckel zu ist, kann man nichts mehr ins Leben integrieren – keine Nahrung, keine Gedanken, keine Ideen, keine Geräusche, keine Gerüche, kein Kinderlachen, kein Weinen. Er kann allenfalls den materiellen und geistigen Reichtum seines Lebens noch passiv weitergeben – und gespeicherte Energie in Form von mehr oder weniger Körpermasse, die der Erde wieder zugeführt wird. Abgesehen davon ist mit dem Tod der Kreislauf des Lebens zu Ende.

Das ganze Leben besteht aus Geben und Nehmen. Wir nehmen Dinge auf, integrieren sie in unser Leben und geben sie wieder ab. Das gilt natürlich zuerst für unseren Körper, der sich öffnen, Nahrung, Flüssigkeiten und Sauerstoff aufnehmen, verarbeiten und dann weitergeben kann. Jede Zelle unseres Körpers ist mit anderen Zellen verbunden und in kontinuierlichem Austausch. Wenn dieser Austausch nicht mehr stattfindet, eine Zelle nichts mehr aufnehmen oder abgeben kann, bedeutet das früher oder später den Tod.

Die Schöpfungsgeschichte betont, dass Leben und Offenheit zusammen gehören. Ich mag es besonders gern, wie der zweite Schöpfungstag beschrieben ist. Gott bringt eine grundsätzliche Ordnung in die Welt: Er verteilt die Wassermassen. Ein Teil des Wassers bedeckt die Erde, der andere Teil bekommt seinen Platz in der Atmosphäre. Das Wunderbare daran ist, dass es sich dabei um kein starres, sondern um ein offenes System handelt. Das Wasser kann sich bewegen. Es kann verdunsten und dann wieder abregnen. Nur im ewigen Eis ist kaum eine Bewegung – aber da ist auch wenig Raum für Lebendiges. Die Griechen prägten für diesen Kreislauf des Lebens den Begriff *Panta rei*: Alles fließt. Wo Leben ist , ist immer auch Bewegung.

Zum Lebendigsein gehört deshalb neben der physischen auch die emotionale und geistige Beweglichkeit. Wir können mit Hilfe der fünf Sinne Eindrücke aufnehmen, in das eigene System integrieren und anderes wieder abgeben. Wo wir uns verschließen, fließt kein Leben. Nur dort, wo wir offen sind, kann uns das Leben erreichen. Wenn wir uns auf Neues einlassen und mit einer Haltung der Offenheit durchs Leben gehen, können wir aufnehmen, was das Leben uns zu bieten hat. Allein vom Zusehen wird keiner satt, sondern nur dann, wenn er etwas aufnimmt und verdaut.

Wie bei vielen Dingen kann man auch, was innere Offenheit und Integration anbelangt, auf beiden Seiten vom Pferd fallen. Sowohl zu viel als auch zu wenig kann das Leben lähmen und behindern. Das Leben wird weder durch eine Haltung des »offen für alles«, noch durch ein »für nichts Neues offen« gefördert, sondern durch eine bewusste Wahl des Richtigen.

Manche Menschen machen es sich mit der Wahl leicht. Sie verschließen sich prinzipiell vor allem Neuen. Das ist angesichts der Veränderungen, die auf uns hereinprasseln, durchaus verständlich. Wer bei dem Tempo der Veränderungen von Walkman über Discman bis MP3 nicht mitkommt, hat schnell den Anschluss verpasst. Heute schlucken nicht mehr die großen Firmen die kleinen, sondern vor allem die schnellen die langsamen. Auch Sprache verändert sich. Aus dem alten Wort *Mär* wird Neudeutsch *Message*, aus *Kindern* werden *Kids* und man betritt nicht mehr das Abteil eines Zuges, sondern man geht an Bord.

Ich bekomme in regelmäßigen Abständen Post von Menschen, die mich darauf hinweisen, dass ich statt englischer Begriffe doch besser deutschen Begriffe verwenden sollte.

Sie sind sich dessen nicht bewusst, dass ein großer Teil der »guten alten deutschen« Worte aus anderen Sprachen entnommen worden sind. Das Wort *Kabel* zum Beispiel leitet sich aus dem Arabischen ab und bedeutet *Seil*. Wer statt *Sushi* lieber *japanische Fischröllchen* sagt, vertut unnötig Zeit. Sich der Veränderung, die zum Leben gehört, prinzipiell zu verschließen, ist keine Option.

Aber ebenso wenig sinnvoll ist es, keine Wahl zu treffen. Kein Mensch kann für alles offen sein. Hirn, Körper und Emotionen würden platzen, wenn sie alles aufnehmen müssten, was auf sie einströmt. Unsere Kapazitäten sind begrenzt. Ich kann nicht alle Berliner Zeitungen lesen und mich über sämtliche wirtschaftlichen und politischen Entwicklungen auf dem Laufenden halten. Es überfordert mich, mit zu vielen Informationen auf einmal konfrontiert zu werden – selbst wenn sie positiv sind.

Es gibt Dinge, die will ich nicht in mein Leben lassen. Da mache ich zu. So wie bei Gewitterregen, wenn die Hagelkörner ein paar Meter weit in meine Wohnung fliegen. Die will ich nicht in meinem Leben haben. Aber ansonsten bleibt das Fenster offen. Für Licht, Wind und Wärme. Weil Offenheit Leben mit sich bringt.

Entscheiden

Wer etwas Großes will, der muss sich zu beschränken wissen, wer dagegen alles will, der will in der Tat nichts und bringt es zu nichts.
(Georg Wilhelm Hegel)

Säuglinge haben bei der Geburt die faszinierende Fähigkeit alle Laute, die Menschen sprechen können, wahrzunehmen und nachzuahmen. Erst im Lauf der Zeit, wenn sie sich auf eine Muttersprache spezialisieren, verlieren sie die Fähigkeit, alle menschenmöglichen Töne hören und voneinander unterscheiden zu können. Wer es nicht glaubt, braucht einfach nur mal versuchen, die kehligen Laute arabischer Dialekte nachzuahmen, die Klick-Laute mancher asiatischer Völker oder auch nur das englische »th« oder jemanden, der kein Deutsch spricht »Fischers Fritz fischt frische Fische« sagen zu lassen. Puh!

Im Laufe unseres Lebens müssen wir ständig wählen. Wer eine oder mehrere Sprachen richtig sprechen will, entscheidet sich gegen mehrere tausend andere Möglichkeiten, Gefühle und Gedanken sprachlich zum Ausdruck bringen. Man kann auf Dauer nicht durchs Leben zappen wie durch Dutzende von Fernsehkanälen, mal hier, mal da was ansehen und sich für nichts richtig entscheiden. Ich habe einmal eine Studie gelesen, in der untersucht wurde, wie sich Glück und die Anzahl der Fernsehkanäle zueinander verhält. Das Ergebnis: je mehr Fernsehkanäle ein Mensch zur Verfügung hat, umso geringer ist die Wahrscheinlichkeit, dass er glücklich ist.

Das ist verständlich. Ständig für alles offen zu sein, kostet viel Energie und raubt letztlich Lebensfreude und Kraft. Die »Generation unentschlossen«, der alle Möglichkeiten offen stehen und die sich doch für nichts entscheiden kann, zeigt das überdeutlich.

Ein junger Student erzählte mir kürzlich, wie es ihm angesichts der vielen Möglichkeiten, die er zur Auswahl hat, geht: »Da gibt es die Möglichkeit einen Weiterbildungskurs in Italien zu machen. Aber dann frage ich mich, ob es nicht vielleicht etwas Besseres gibt und verpasse die Anmeldefrist. Oder ich überlege, welche Sprache ich noch lernen soll. Es fällt mir schwer, mich zwischen Chinesisch, Spanisch und Französisch zu entscheiden. Am Ende mache ich gar nichts. Oder ein Freund lädt mich ein. Ich weiß nicht, ob ich zusagen soll, denn es könnte ja sein, dass noch etwas Besseres kommt. Wieder mache ich am Ende gar nichts und bin frustriert.« Als ich meinte: »Vielleicht ist es ein Trost zu wissen, dass du nicht der Einzige bist, der sich damit schwer tut«, antwortete er: »Das geht uns allen so.«

Was schon in Bezug auf Beruf und Freizeit eine Herausforderung ist, wird dann hinsichtlich der Partnerwahl zur unendlichen Qual. Wer sich für eine Frau oder einen Mann entscheidet, muss sich gegen Millionen anderer Menschen entscheiden. Wie aber kann man wissen, ob unter den anderen nicht vielleicht doch der oder diejenige ist, die noch ein bisschen besser zu einem passen würde, mit der man vielleicht noch ein wenig glücklicher wäre?

»Verloben heißt: Warmhalten und weiterschauen!«, besagt ein alter Macho-Spruch. Wer so lebt, kann sich nicht auf einen Menschen einlassen. Es ist unmöglich einen Menschen wirklich zu sehen und zu lieben, wenn der Blick und das Herz nicht auf diesen Menschen ausgerichtet sind. Wer alle lieben will, kann keinen wirklich lieben.

Hiob, der eher für sein Leiden bekannt ist als für sein Liebesleben, wird im Buch Hiob als charakterlich einzigartiger Mensch beschrieben. Er hat das Problem so gelöst, dass er einen Vertrag mit seinen Augen geschlossen hat, dass sie nicht gierig auf anderen Frauen als der eigenen ruhen sollten. Ihm war die Beziehung zu seiner Frau so wichtig, dass er sie nicht gefährden wollte – und das obwohl Frau Hiob sich nicht gerade durch feminine Feinfühligkeit hervortat, als ihr Mann die schlimmste Krise seines Lebens erlebte.

Der Weg dahin, ein Mensch wie Hiob zu werden, der gute Entscheidungen darüber trifft, welche Dinge er in sein Leben integrieren möchte, ist herausfordernd. Mir hilft bei Entscheidungsprozessen der Satz des österreichischen Physikers Heinz von Förster : »Nur Dinge, die man nicht entscheiden kann, muss man entscheiden.«

Mit anderen Worten: Es gibt Dinge, da ist einem eigentlich klar, dass man sie nicht mag oder dass sie nicht gut für einen sind. Zum Beispiel hat mir Lakritze noch nie geschmeckt; einen Marathon zu laufen, reizt mich nicht; mit zu hohen Kissen kann ich nicht schlafen; Techno bereitet mir Kopfschmerzen; mich am Strand überfüllter Badeorte zu grillen, finde ich nicht attraktiv und Ballermann halte ich nicht für den idealen Ort, um den Mann fürs Leben zu finden. Wenn derartige Angebote an mich herangetragen werden, fällt die Entscheidung leicht. Eigentlich muss ich mich gar nicht entscheiden. Die Sache ist klar. Das will ich nicht.

Entscheiden muss ich nur bei Dingen, bei denen ich nicht weiß und auch gar nicht wissen kann, wie sie ausgehen. Soll ich besser Französisch oder Spanisch lernen oder vielleicht gar Chinesisch? Macht es Sinn, ein unbekanntes Gericht auszuprobieren, diesen einen Stuhl zu kaufen oder weiter nach einem besseren zu suchen. Diese Frage kann ich nicht entscheiden, weil ich schlicht und ergreifend nicht absolut sicher sagen kann, wie sich mein Leben weiterentwickeln wird, ich nicht das komplette Möbelangebot der Welt kenne und weil ich vor dem Probieren nicht weiß, wie mir das unbekannte Gericht schmecken wird.

Kurz: Ich kann die Antwort auf die Frage »Was ist das Beste?« in vielen Fällen nicht 100% wissen und werde auch durch Grübeln einer

Antwort nicht näher kommen. Ich kann manches ahnen, abschätzen oder aus Erfahrungswerten ableiten. Ich kann überlegen, wie wahrscheinlich es ist, dass ich einen schöneren Stuhl für den gleichen Preis finde oder dass mir ein Gericht wirklich schmeckt, das auf der Speisekarte mit drei Peperoni als extra scharf markiert ist. Ich kann Wahrscheinlichkeiten abwägen, aber 100% wissen kann ich viele Dinge nicht. Auch durch weiteres Nachdenken werde ich es ziemlich sicher nicht herausfinden. Das zu wissen, finde ich ungemein entlastend. Es spart mir stundenlanges unproduktives Nachdenken.

Entscheiden kann ich mich trotzdem. Wenn ich eine Situation so gut wie möglich eingeschätzt habe, dann entscheide ich auf Grund meiner Werte: Es kann sein, ich entscheide: Meine Zeit ist mir wertvoller als der eventuell zusätzliche Hauch Perfektion, der vielleicht bei einem anderen Möbelstück zu finden ist. Oder eben umgekehrt, wenn mir der Wunsch, das perfekte Möbelstück zu finden, wichtiger ist als meine Zeit. Ich bin einmal im Januar zusammen mit einem Freund, der nach einem bestimmten ärmellosen Shirt suchte, durch etwa 20 Läden gezogen. Im Winter! Ihm war, um das richtige zu finden, es den Aufwand wert. Und mir war es die Freundschaft wert, mitzugehen.

Jeder misst bestimmten Dingen, Eigenschaften oder Aktivitäten einen bestimmten Wert bei. Und wir entscheiden auf Grund unserer Werte. Meistens tun wir das unbewusst. Wir wissen häufig nicht, was unsere Werte sind. Ist mir, um auf den Stuhlkauf zurückzukommen, zum Beispiel der Preis wichtiger als die Schönheit? Was ist mir mehr wert?

Wer seine Werte kennt, kann Entscheidungen klarer treffen – insbesondere dann, wenn Anfragen plötzlich an ihn herantreten und er relativ schnell reagieren muss: Soll ich diese Aufgabe annehmen oder nicht? Will ich mir Zeit für einen unerwarteten Besucher nehmen? Ein Mensch, der seine Werte nicht kennt, muss in solchen Situationen panikartig irgendwie »aus dem Bauch heraus« entscheiden.

Wer jedoch klar weiß, was ihm wichtig ist, kann kurz reflektieren und entscheiden: »Zeit für meine Familie hat für mich mehr Wert als berufliche Prestigeobjekte – nein, das mache ich nicht.« Oder: »Es hat hohen Wert für mich, für Menschen offen zu sein. Ja, ich nehme mir die Zeit zum Zuhören.«

Ein Mensch, der sich seiner Werte bewusst ist, trifft Entscheidungen nicht irgendwie, sondern weiß nach einer Entscheidung, warum er sich so entschieden hat und kann leichter Verantwortung für seine Entscheidungen übernehmen. Es ist sinnlos, zu überlegen: »Was wird werden?« Das ist eine Frage, die man nicht beantworten kann, weil keiner die Zukunft kennt und nicht weiß, was sie bringen wird. Deshalb ist es besser, sich zu fragen: Worum geht es bei dieser Entscheidung? Was ist mir persönlich mehr wert: das eine oder das andere?

Vor einigen Jahren habe ich mich entschieden, den Kontakt zu einer Freundin zu beenden, weil ich sie als sehr unzuverlässig erlebt habe. Ich habe dadurch sicher einiges an Spaß verpasst, aber für mich ist die Zuverlässigkeit eines Menschen ein hoher Wert, auf den ich in einer Freundschaft nicht verzichten will. Vor einer Weile habe ich mich entschieden, eine andere Freundschaft weiter aufrecht zu erhalten, obwohl ich sie phasenweise auch als sehr anstrengend erlebte. Ich wollte lernen, meine Wünsche deutlicher zum Ausdruck zu bringen und so die Beziehung zu verbessern. Also habe ich mich dafür entschieden.

In beiden Fällen weiß ich nicht, ob es »die beste Entscheidung« war. Ich hoffe es, aber ich kann nur ahnen, nie aber wissen, wie sich eine anders getroffene Entscheidung auf mein Leben ausgewirkt hätte. Aber es war meine Entscheidung und es war eine klare Entscheidung. Ich habe gewählt, was ich in mein Leben integrieren will und auf anderes verzichtet.

Wenn ich eine Entscheidung bewusst treffe, dann informiere und berate ich mich und reflektiere – auch im Dialog mit Gott. Ich überlege, was mir wichtig ist und erinnere mich an meine Werte. Anschließend entscheide ich mich auf der Basis dessen, was ich weiß und wie ich es derzeit bewerte. Ich tue das mit dem entlastenden Wissen, dass ich nicht wissen kann, wie eine Sache sich entwickeln wird, aber auf Grund meiner Einschätzung und Werte treffe ich dennoch eine klare Wahl. Jede Entscheidung, die ich treffe ist eine gute Wahl, weil ich Verantwortung für mein Leben übernehme.

Es kann gut sein, dass ich eine Weile nach einer Wahl eine neue, veränderte Perspektive habe, weil mir zusätzliche Informationen zur Verfügung stehen oder ich Dinge anders sehe und bewerte. Das ist überhaupt nicht tragisch. Es nützt nichts, dann frustriert zu grübeln: »Ach, hätte ich mich damals nur anders entschieden.« Was vorbei ist, ist vorbei. Ich kann daraus lernen, aber ich kann es nicht mehr rückgängig machen. Ich kann nur überlegen, was ich jetzt tun kann und will.

Also treffe ich jetzt eine neue Wahl im Rahmen der Möglichkeiten, die sich mir jetzt bieten. Auch das wird eine gute Wahl sein.

Jede Wahl bedeutet: Ich entscheide mich gegen eine Reihe von Optionen und öffne mich für eine bestimmte Möglichkeit – voller Neugier darauf, wie sich diese Entscheidung weiter auf mein Leben auswirken wird.

Fragen zum Weiterdenken

Was könnte es in meinem Leben ändern, wenn ich lerne, mich schneller und klarer zu entscheiden?

....

....

....

Was war die stärkste Entscheidung meines Lebens?
Wie habe ich sie getroffen?

....

....

....

Welche Entscheidungen stehen jetzt bei mir an? Was könnte der erste Schritt sein, um zu einer guten Entscheidung zu finden?

....

....

....

Frei reagieren

Es gibt nichts, was deine Angst jemals für dich erreicht hat.
(Patricia King)

08

In dem Film *Besser geht's nicht* spielt Jack Nicholson brillant den Schriftsteller Melvin Udall, der sich aus Angst vor dem Leben ständig zwanghaft wäscht, seine Wohnungstür vierfach abschließt und für andere Menschen nur Verachtung übrig hat. Vor lauter Angst verliert er seine Offenheit und Spontaneität und ist kaum mehr beziehungsfähig. Erst der Kellnerin Carol (gespielt von Helen Hunt) gelingt es, den Menschenfeind mit Klarheit, Humor und Charme zurück ins Leben zu locken.

Sich das zwanghafte Verhalten eines Menschen in einem Film anzusehen, ist ziemlich witzig – zumindest wenn der Film ein Happy End hat. Wenn jedoch die Angst realen Menschen das Leben raubt, ist das weniger amüsant. Mir ist einmal eine Frau begegnet, die so viel Angst davor hatte, auf ein gebrauchtes Kondom zu treten, dass sie jeden Zentimeter Boden intensiv betrachtete und untersuchte, bevor sie ihren Fuß darauf setzte. Dass sie im Leben nicht mehr richtig vorwärts kam, braucht nicht erwähnt zu werden.

Die wenigsten von uns entwickeln solche Formen von krankhafter Verschlossenheit wie Udall oder diese Frau. Aber wir alle haben mehr oder weniger bewusst Lebensmuster gewählt, die Begegnung mit Neuem effektiv verhindern. Eine zwanghafte Verschlossenheit ist das Gegenteil einer bewussten Wahl, die man in Freiheit getroffen hat.

Verschlossenheit ist ein Gefängnis, das das Leben zunehmend einengt und in das man sich manchmal freiwillig hinein begeben hat, meist jedoch unbewusst. Wer in einer Umgebung aufwuchs, in der bestimmte Dinge nicht erlaubt waren, tut sich später schwer, die inneren Verbote abzulegen, die er von klein auf verinnerlicht hat.

Eine Freundin erzählte mir, dass ihre Mutter häufig, wenn sie las oder spielte, mit kritischem Unterton kommentierte: »Ach, du spielst schon wieder.« Niemand hat ihr je gesagt: »Du darfst dir Zeit für dich nehmen.« Es ist überflüssig, zu erwähnen, dass es für sie als Erwachsene herausfordernd ist, sich Zeiten für sich selbst zu nehmen. Sie hat das »du darfst« nie gehört und tut sich jetzt schwer damit, es sich selbst zu sagen.

Bei Verhaltensmustern wie diesen, die wir in unserer Herkunftsfamilie schlicht und ergreifend nie gelernt haben, können wir uns überlegen, welche Verbote ausgesprochen wurden und ob wir uns nach wie vor an diese Verbote halten wollen oder ob wir uns in dem einen oder anderen Bereich neu dem Leben öffnen möchten.

Wir alle haben die Verbote verinnerlicht, die andere Menschen, allen voran unsere wohlmeinenden, aber eben auch wie wir selbst unvollkommenen Eltern, in unser Leben gelegt haben. Daneben hat jeder von uns sich – meist unbewusst – selbst Verbote auferlegt. Wir alle haben im Laufe unseres Lebens die eine oder andere schmerzhafte Sache erlebt und uns daraufhin entschieden, manche Dinge nicht mehr an uns heran zu lassen.

Einige dieser Entscheidungen sind gut und schützen das Leben. Eine Freundin von mir hat eine Nussallergie. Sie isst keine Nüsse, weil sie weiß, dass der Verzehr von Nüssen bei ihr dazu führt, dass ihre Schleimhäute anschwellen, sie kaum mehr Luft bekommt und in Lebensgefahr gerät. Ihre Verschlossenheit schützt ihr Leben.

Aber viele Vermeidungshaltungen sind im Grunde überflüssig. Vor Jahren trank ich einmal rohen Holundersaft – ohne zu wissen dass Holundersaft im Rohzustand giftig ist. Das Ergebnis war eine Körpererfahrung, die ich ungern wiederholen möchte: Herzrasen, Übelkeit, Schwindel, Schwachheit – alles Gefühle, die ich nicht sonderlich schätze. Seither trinke ich auch keinen gekochten und völlig ungefährlichen Holundersaft mehr. Zu Unrecht habe ich meine negative Erfahrung mit der giftigen Variante auch auf den guten Holundersaft übertragen.

Ich komme auch ohne Holundersaft gut durchs Leben. Schwieriger wird es, wenn ich auf Grund negativer Erfahrungen, Menschen und Situationen vermeide, die mich – zu Recht oder Unrecht – an diese negative Situation erinnern und dabei viel Gutes verpasse.

Wir alle ziehen Schlüsse aus einer einzelnen negativen Erfahrung und verallgemeinern sie: »Ein einzelner Hund hat mich gebissen – also habe ich Angst vor allen Hunden.« »Ich habe mich an einer Herdplatte verbrannt. Also koche ich nicht mehr.« Durch solche Angst-Entscheidungen schränken wir unser Leben ein. Diese eingeschränkte Sicht der Möglichkeiten, manche nennen es auch »Tunnelblick«, verhindert effektiv, dass man das eigene Potential voll ausschöpft.

In meiner Beratungspraxis unterstütze ich die unterschiedlichsten Menschen dabei, ihren eingeengten Blick wieder zu erweitern und neue Möglichkeiten zu sehen. Am extremsten ist dieses Phänomen der selbst gewählten Einschränkung bei schwer depressiven und suizidalen Menschen: Sie sehen alles negativ und das einzige »Licht«, das sie am Ende ihres engen Tunnels sehen, ist der Weg in den Tod.

08

Bei depressiven Menschen ist es offensichtlich, dass man sie dabei unterstützen möchte, auch andere Optionen als den Suizid zu sehen.

Ich erlebe es immer wieder, wie Menschen strahlen, wenn sie – begleitet durch Beratung – plötzlich Möglichkeiten sehen, die sie zuvor nicht wahrgenommen haben, weil sie sich durch den »Tunnelblick« sich selbst den Blick versperrt haben.

Wir sollten wachsam sein, wann immer wir bei uns oder anderen Sätze hören, die extrem einschränkend sind. Aussagen, die sehr absolut wirken, könnten ein Hinweis darauf sein, dass man in Gefahr ist, etwas mit Scheuklappen wahrzunehmen und eingeschränkt zu denken. Gleiches gilt für sehr häufiges Verwenden von Adjektiven wie *immer, nie, stets, nur, usw.* oder Aussagen wie: »Ich kann nicht anders...« oder »So etwas will ich nie wieder erleben...« »Es geht nicht anders...« »Ich muss immer...«

Es ist gut, die eigenen Denkmuster zu hinterfragen oder auch von Freunden hinterfragen zu lassen. Stimmt das, was ich da denke überhaupt? Gibt es nicht auch eine andere Möglichkeit, die Sache zu sehen? Was denkst du darüber? Nimmst du es so wahr wie ich oder siehst und erlebst du es anders? Welche Möglichkeiten außer der, die ich sehe, gibt es noch?

Es stimmt nie, dass wir nur eine einzige Möglichkeit haben und gezwungen sind, auf eine bestimmte Art und Weise zu handeln. Uns steht ein großes Repertoire an verschiedenen Handlungsmöglichkeiten zur Verfügung. In der Regel schränken wir uns meist nur selbst ein.

Wenn ein Kind im Laden Theater macht, rumjammert und nörgelt, sehen die Eltern meist nur wenige Handlungsmöglichkeiten, wie zum Beispiel Schimpfen oder Ertragen. Aber die Wahlmöglichkeiten sind tatsächlich unbegrenzt: Man kann tanzen, sich genauso verhalten wie das Kind, selbst schreien oder quengeln, den Laden verlassen, verhandeln, drohen, versprechen, das Kind auf einen Stapel Pampers setzen bis es wieder ruhig ist oder einen anderen Menschen um Hilfe bitten.

Gleiches gilt für Partner, Kollegen sowie launische Chefs. Wir sehen meist nur eine Möglichkeit, weil wir immer nur in eine Richtung blicken. Wer sagt, dass man auf ihr – zugegebenermaßen einschränkendes Verhalten – nur auf eine bestimmte Art und Weise reagieren kann? Niemand. Nur unser eigenes Denken. Meist denken wir, dass der einzige Ausweg aus einer schwierigen Situation ist, dass die anderen sich verändern müssen. Wir übersehen dabei die hundert Möglichkeiten, die wir haben, anders auf ihr Verhalten zu reagieren.

Manche Menschen denken, dass sie auf wütendes Verhalten anderer Menschen ebenfalls mit Wut oder mit Hilflosigkeit reagieren müssen. Wer sagt ihnen das? Gestern habe ich beim Einkaufen nicht nur mein Fahrrad, sondern versehentlich auch das benachbarte Fahrrad mit angeschlossen. Als ich nach dem Einkauf wiederkam, erwartete mich ein sehr aufgebrachter älterer Herr. Ich entschuldigte mich freundlich bei ihm, stieg auf mein Fahrrad und fuhr weg. Als ich davon Freundinnen erzählte, sagten sie: »Ich hätte das Gefühl gehabt, mich total schämen zu müssen!« oder »Mir wäre das furchtbar peinlich gewesen.« Sie hatten irgendwann ihre Optionen zu reagieren, auf ein »So muss ich mich dann fühlen« reduziert.

Es stimmt: Jeder hat seine eigene Sammlung von Situationen, die ihn zu der Schlussfolgerung führen: »Wenn mir das passiert, dann muss ich mich so fühlen oder auf diese Art reagieren.« Warum? Wir hinterfragen das meistens nicht. Die Wahrheit ist, dass wir keiner Situation hilflos ausgeliefert sind, sondern immer eine gewisse Wahlmöglichkeit haben. Wenn mein Telefon klingelt, habe ich die Wahl, ran zu gehen oder nicht. Wenn mich jemand anbrüllt, habe ich auch die Wahl, wie ich reagieren möchte.

Wenn ich zum Beispiel zu einer Party komme, wo ich niemanden kenne, kann ich mich unsicher zu fühlen. Aber ich muss es nicht. Niemand zwingt mich dazu. Ich kann mich auch entscheiden, die Sache anders zu sehen und neugierig, offen, voll guter Spannung und Erwartung auf die neue Situation und die neuen Menschen zuzugehen, die mich erwarten.

»Ich darf mich auch anders fühlen!« ist der Satz, der mich seit einer Weile begleitet und den ich den verschiedensten »Muss-Sätzen« in meinem Leben entgegenhalte. Nicht nur allgemein, sondern ganz konkret. Wann immer ich ein »muss« in mir spüre, dann überlege ich, was denn das kontrastierende »du darfst« sein könnte.

Für viele Menschen ist solch ein freier, bewusster Umgang mit den eigenen Gefühlen und ein aktives Umlernen fast undenkbar. Sie haben sich mit bestimmten Verhaltensmustern so sehr arrangiert, dass ihnen der Gedanke, dass sie auch anders reagieren könnten, gar nicht erst kommt. Sie denken, sie müssen sich bis in alle Zukunft weiter so fühlen, wann immer ihnen etwas Ähnliches passiert, zum Beispiel »Ich muss mich wütend und ärgerlich fühlen, wann immer der andere die Zahnpastatube nicht zuschraubt.« Oder: »Ich muss mich hilflos fühlen, wenn ich auf einer Party niemanden kenne.«

Das Ergebnis ist, dass sie denken, dass die anderen sich ändern müssen, damit sie selbst nicht mehr die unerwünschten Gefühle haben. Das belastet Beziehungen. Man verlagert ein Problem, die eigenen schlechten Gefühle, nach außen und erwartet, dass der andere die schlechten Gefühle für einen selbst löst.

Es ist ein Lernprozess, den Entscheidungsfreiraum, in dem wir handeln und reagieren wollen, wahrzunehmen und zu nutzen. Vor einer Weile habe ich mir eine Liste aller mich einschränkenden Sätze und Verhaltensmuster, die ich wahrgenommen habe, erstellt. Anschließend habe ich mir Alternativen zu einschränkenden Gefühlen und Reaktionen überlegt und einen ganzen Stapel Karten mit Wahlmöglichkeiten voll geschrieben: So könnte ich mich auch fühlen. So kann ich auch reagieren. Niemand zwingt mich, ängstlich zu sein. Ich kann, wenn ich will, meinem Gott und meinen Kompetenzen vertrauen und gelassen bleiben.

Ich kann es nicht leiden, wenn ich mich selbst durch angstgeprägte Verhaltensmuster einschränke. Deshalb sehe ich mir fast täglich eine oder mehrere dieser Karten an, um mich daran zu erinnern, wie ich lieber handeln, fühlen und reagieren möchte. Ich lese die Karten nicht nur, sondern male mir konkret vor Augen, wie es aussieht und stelle mir vor, wie es sich anfühlt, wenn ich nicht ängstlich, wütend oder eingeschüchtert auf Situationen reagiere, sondern innerlich frei, gelassen, verständnisvoll und souverän.

Ich spiele emotional herausfordernde Situation vor meinem inneren Auge durch und sehe mir die Alternativen an. Wenn ich das nächste Mal mit einer ähnlichen Situation konfrontiert bin, weiß ich zumindest schon ein bisschen: Es gibt auch eine andere Möglichkeit, wie ich fühlen und reagieren könnte. Ich kann es mir zumindest vorstellen und vielleicht kann ich bei der nächsten herausfordernden Situation schon etwas freier reagieren.

So aktiv und konstruktiv zu denken, ist keine an sich selbst durchgeführte Gehirnwäsche, die das eigentliche Problem leugnet. Wer so an das eigene Verhalten herangeht, nimmt die Schwierigkeit der Situation durchaus wahr, aber er versucht, andere Wege zu entdecken, darauf zu reagieren, als die, welche bisher die einzig möglichen schienen. Er realisiert, dass selbst Wahrnehmungen variabel und von der eigenen Erfahrung geprägt sind, und man durchaus lernen kann, Dinge anders zu sehen, wahrzunehmen und anders zu reagieren.

Natürlich kann man innerlich nicht einfach durch pure Willenskraft einen »Knopf« umlegen und plötzlich ganz anders fühlen und denken. Wer ein Leben lang immer mit Angst auf eine bestimmte Situation reagiert hat, wird beim nächsten Mal nicht plötzlich mutig und kühn sein. Aber er kann beginnen, die Richtung seiner Wahrnehmung und Reaktion zu ändern. Es ist ein Weg, in dieser Freiheit leben zu lernen. Sich vorzustellen, wie es sein wird, wenn man anders und freier reagiert ist ein schöner erster Schritt.

Fragen zum Weiterdenken

Wo habe ich bisher immer »Du musst… (dies oder jenes tun)« gedacht? Welche Alternativen gibt es dazu? Welches »Du darfst (dies oder jenes tun)« könnte ich denken?

....

....

....

Wo sehe ich nur eine Option, zu reagieren? Welche Handlungsmöglichkeiten gibt es außerdem?

....

....

....

Welche meiner Reaktionen empfinde ich als unfrei? Wo will ich beginnen, bewusst andere Denk- und Reaktionsmuster einzuüben?

....

....

....

Experiment

Seien Sie mutig und fragen Sie Freunde: Stimmt das, was ich denke überhaupt? Was denkst du darüber? Wie nimmst du es wahr? Welche Möglichkeiten außer der, die ich sehe, gibt es noch?

Machen Sie heute bewusst etwas, was Sie bisher immer gefürchtet haben, zum Beispiel Kritik klar und konkret zu äußern, schrille Kleidung zu tragen, als Erwachsener auf einem Spielplatz zu spielen oder…

Flexibel sein

Der Erfolg kommt nur über die Brücke der Planung zu dir.
(Adolf Loos)

Gerade habe ich mich entschieden, nicht länger E-Mails zu beantworten, obwohl noch 18 aktuelle Nachrichten im Posteingang auf Antwort warten und noch einige in meinem Tagesordner.[5] Aber es ist mir wichtiger, weiter an diesem Buch zu schreiben. Andere Anfragen sind mir gerade nicht so wichtig.

Es gibt nur wenige Dinge, die so entspannend wirken, wie Entscheidungen bereits getroffen zu haben. Werte sind nichts anderes als Entscheidungen, die man einmal bewusst oder unbewusst festgelegt hat und die einem nun bei weiteren Entscheidungen helfen.

Einige meiner Werte sind für mich klar. Für mich ist, freie Zeit zu haben, die ich mit Freunden, zur Weiterbildung, für Sport oder Kulturelles verbringen kann, ein größerer Wert als mehr Geld zu haben, obwohl ich gegen eine Kombination aus beidem auch nichts einzuwenden hätte.

Da empfinde ich ähnlich wie der Fischer in einer berühmten Geschichte von Hemingway, der gemütlich in der Sonne liegt und die Ruhe genießt. Bis ein Tourist versucht, ihn zu überreden, noch einmal mit dem Boot herauszufahren. Der Tourist malt ihm vor Augen, wie viel Geld er verdienen könnte, wenn er sein Boot häufiger Touristen zur Verfügung stellen würde. Der Fischer fragt ihn, was ihm das viele Geld denn nützen würde. Der Tourist erklärt ihm, dass er dann entspannt und sorglos in der Sonne liegen könnte. Worauf der Fischer entspannt erklärt, dass er genau dies bereits tut.

Sicher könnte ich mehr Geld verdienen, wenn ich mir die Woche mit 80 Stunden Arbeit zuknallen würde. Aber das will ich nicht. Ich will Zeit für Freunde haben, für Kino, ich will Samstag Mittag auf dem Markt Bergkäse und Blumen kaufen und durch die Schrebergärten in der Nähe meiner Wohnung spazieren gehen.

[5] Zu meinem E-Mail-Ordnungssystem und allgemeinem Lebensrhythmus siehe mein Buch *Swing*, Kapitel »Ordnung«.

Ich will in der Lage sein, mir Zeit für ungeplante Krisenanrufe zu nehmen oder in Ruhe eine Tasse Tee mit einem spontanen Besucher trinken. Das ist Luxus für mich. Ein großer Wert. Der Preis, den ich für diesen Luxus derzeit zahle ist, dass ich auf anderen Luxus, wie zum Beispiel teuren Urlaub oder Berge von Aktien, verzichte. Das tue ich gerne, weil mir anderes mehr wert ist.

Eine Freundin von mir nimmt sich täglich eine Viertelstunde Zeit zum intensiven, persönlichem Gespräch mit ihren Kindern. Sie verzichtet dafür vielleicht auf Mittagsschlaf oder eine Kosmetikbehandlung. Aber die nahe Begleitung ihrer Teenagerkinder ist ihr mehr wert. Sie muss sich nicht täglich neu überlegen: Nehme ich mir jetzt die Zeit für ein Gespräch? Sie hat sich einmal entschieden, gemäß ihres Wertes zu leben und hat sich konkret überlegt, wie sie den Wert »Im Gespräch mit meinen Kindern sein« ganz praktisch umsetzt. Einmal klar entschieden zu haben, nimmt ihr langfristig 1000 oder mehr andere Entscheidungen ab. Es ist klar, was sie tun wird. Das Gespräch mit den Kindern wird Raum bekommen, weil sie und ihre Kinder es sich wert sind. Wer wie sie seine Werte kennt, erspart sich unnötiges Grübeln in Einzelentscheidungen. In den letzten Monaten habe ich mich relativ intensiv mit dem Thema Umwelt- und Klimaschutz beschäftigt und ein Impulsheft mit den besten Tipps für umweltfreundliches Handeln im Alltag geschrieben.[6]

Und natürlich habe ich mich entschieden, welche meiner eigenen Tipps ich selbst umsetzen will. Eine der vielen kleinen und großen Entscheidungen, die ich getroffen habe, war, in besinnlichen Momenten nicht mehr eine Reihe von Kerzen anzuzünden, sondern nur noch eine. Das reicht auch. Ich mag stimmungsvolles Licht, darauf möchte ich nicht ganz verzichten, aber es ist für mich auch etwas wert, meinen Teil zum Erhalt unserer Welt beizutragen.

Jeder Wert, für den ich mich bewusst entschieden habe, entlastet mein Leben, weil es mir viele weitere Entscheidungen abnimmt. Das ist sicher am deutlichsten in meiner Entscheidung zu sehen, mein Leben in der Beziehung zu Jesus zu leben und mich von seiner Lehre und seinem Vorbild prägen zu lassen. Die Entscheidung habe ich vor vielen Jahren getroffen und versuche immer noch herauszufinden, was sie alles beinhaltet.

[6] Kerstin Hack: Umweltfreundlich. Impulse, unsere Welt zu erhalten. Down to Earth, 2007.

Man kann mir vorwerfen, dass ich in meiner Wahl einseitig bin und hat damit sogar recht. Aber es gibt meinem Leben Kraft, dass ich mich an einem Punkt entschieden habe: Ich will nicht 1000 Sachen ein bisschen ausprobieren, sondern auf diesen Weg und diese Wahrheit will ich mich ganz einlassen.

Es fasziniert mich, dass Jesus von sich sagt, dass er der Weg, die Wahrheit und das Leben ist und niemand ohne durch ihn zu Gott dem Vater finden kann.[7] Die Wahrheit zu sein, ist zugegebenermaßen ein extremer Anspruch. Und Jesus war und ist nicht der Erste und Einzige, der von sich behauptet hat, dass sie (Wahrheit) bei ihm zu finden ist. Die meisten haben gesagt, dass sie die Wahrheit *haben*. Außer Jesus hat, glaube ich, niemand gewagt, zu behaupten, dass er selbst die Wahrheit in Person *ist*.

Was mich an der Aussage »der Weg, die Wahrheit und das Leben« fasziniert, ist, dass die Wahrheit zwischen Weg und Leben eingebettet ist. Wahrheit ist mehr als abstrakte Überzeugung und Faktenwissen. Sie ist vielmehr durch einen Weg zu finden, der dorthin führt. Auf Wegen ist unterwegs sein erlaubt. Es ist erlaubt, nicht alles bereits im Vorfeld zu wissen. Auf Wegen sind Prozesse zulässig und Individualität.

Die Aussage beinhaltet auch, dass Wahrheit zum Leben führt. Wahrheit, die kein Leben bringt, ist wertlos. Ein Freund erzählte mir nach dem Lesen einer 800 Seiten dicken Biographie über Mao, dass unter seiner Herrschaft zu Friedenszeiten 70 Millionen Chinesen den Tod gefunden haben. Er hat z. B. Lebensmittel aus aufständischen Regionen abziehen lassen und dadurch bewusst Hungersnöte ausgelöst, durch die Tausende den Tod fanden, um die Aufständischen buchstäblich auszuhungern und so seine eigene Machtposition zu stärken.

Er hat für sich in Anspruch genommen, die Wahrheit darüber zu wissen, wie man ein Volk glücklich macht. Ich kann und will niemandem seine Wahrheit abnehmen, wenn diese »Wahrheit« das Leben irgend eines anderen Menschen zerstört. Ich will keiner Religion oder Weltanschauung Glauben schenken, deren Gründer, um den Weg der Erleuchtung zu finden, die eigene Familie im Stich lässt (Buddha) oder die auf ihrem Weg zum Glück über Leichen geht, oder ihren Nachfolgern das Paradies verspricht, wenn sie anderen Menschen das Leben nehmen.

---

[7] Die Bibel, Neues Testament, Johannes 14, 6 (frei übertragen).

Ich weigere mich einer »Wahrheit« zu glauben, die Leben in physischer Hinsicht, oder auch durch Machtstrukturen, finanzielle oder emotionale Ausbeutung und Zwangsrituale in psychischer Hinsicht, zerstört. Das habe ich für mich entschieden. Jesus – und geprägt von ihm auch Menschen wie Franziskus von Assisi, Mutter Theresa und Gandhi haben vorgelebt, dass der Weg der Wahrheit immer Leben bringt. Das kann man leider nicht von allen Menschen sagen, die sich seinen Namen auf ihre Fahnen geschrieben, ihn dann aber für ihre eigenen (Macht)-Ziele instrumentalisiert und missbraucht haben.

Die eigenen Werte zu entdecken, kann ausgesprochen faszinierend sein. Viele Menschen kennen sich selbst kaum. Sie müssen richtig tief spüren und denken, bis sie wissen: Was ist mir tatsächlich wichtig – in Bezug auf Ernährung, Umgang mit Kollegen, Erziehung, Finanzen, Freundschaften und enge Beziehungen? Nicht: Was sollte ich, was erwarten andere von mir? Sondern: Was ist mir wertvoll? Was will ich tatsächlich und wie will ich es?

Wer erst einmal weiß, was ihm wertvoll und wichtig ist, steht dann noch vor der zweiten Herausforderung: Zu entscheiden, wie er diesen Wert ganz praktisch leben will. Die meisten Menschen wissen schon so ungefähr, was sie wollen, zum Beispiel eine glückliche Ehe. Aber nur wenige überlegen, wie das für sie konkret aussieht.

Bedeutet es, sich regelmäßig Zeit für lange Spaziergänge, für tiefe Gespräche, für leidenschaftlichen Sex, für verbindende Erlebnisse, für gemeinsame Hobbys zu nehmen? Wenn alles nicht geht – wofür entscheide ich mich? Was will ich konkret tun, damit ich diesen Wert ausleben kann? Wie kann ich das, was mir wertvoll ist, im Alltag ganz praktisch umsetzen, leben und schützen?

Kein Garten entsteht von selbst. Gärten entstehen durch Pflege. Werte sind wie die Landschaftsplanung. Ich entscheide: Das ist mir wichtig, das möchte ich in meinem Garten zum Blühen bringen.

Die Umsetzung der Werte ist wie das regelmäßige Blumengießen, Unkrautjäten und Beschneiden der Pflanzen, damit das, was einem wertvoll ist, zur vollen Blüte und Entfaltung kommen kann.

Nicht zuletzt sind Werte einerseits beständig, so wie die Grundstruktur eines Gartens, aber dennoch kein eisernes Gesetz. Auch Werte können sich wandeln. Möglicherweise passt etwas, was vor vielen Jahren eingepflanzt wurde nicht mehr in das jetzige Leben, weil sich

Werte und Prioritäten im Lauf der Zeit wandeln und verschieben. Sie sind für eine bestimmte Zeit an einem Platz und geben Stabilität und Sicherheit. Aber sie müssen nicht zu starren Formen werden, sondern dürfen beweglich und lebendig bleiben.

So wie das Wasser in der Schöpfungsgeschichte, das eine Weile die Erde bedeckt, aber auch in den Himmel steigen, dort verweilen und sich dann wieder abregnen kann und beim Regnen Gärten bewässert, die lebendig und gleichzeitig beständig und im Wandel sind.

Fragen zum Weiterdenken

Welche Werte sind mir besonders wichtig? Schreiben Sie fünf auf.

....

....

....

....

....

Fragen Sie einen Menschen, der Sie gut kennt: Was hältst du für meine fünf stärksten Werte und Überzeugungen?

....

....

....

....

....

Kommen Sie miteinander ins Gespräch.

Tipps zum Umsetzen

Hinweis: Diese Tipps sind zeitintensiv!
Vielleicht wählen Sie nur einen aus.

- Nehmen Sie sich Zeit und überlegen, welche Entscheidungen Ihnen immer wieder schwer fallen. Möglicherweise finden Sie hier Hinweise darauf, in welchen Bereichen Ihres Lebens Sie sich nicht über die eigenen Werte klar sind.
- Machen Sie eine Liste der verschiedenen Lebensbereiche (z. B. Arbeit, Familie, Ehrenamt) und schreiben Sie auf, welche Werte Ihren Umgang mit anderen in diesem Bereich prägen (sollen) und wie die Umsetzung dieser Werte ganz praktisch aussieht.
- Einen Tag lang entscheiden üben: Bei jedem Handgriff, der ansteht, überlegen: Was will ich? Was ist der Wert, der mich hier leitet? Machen Sie sich auch bei kleinen Handlungen bewusst: Ich entscheide jetzt, was ich tue.

3

Gestalten

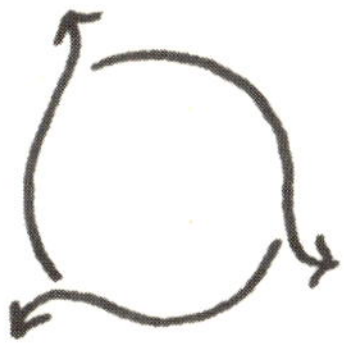

Die Gegenwart ist die einzige Zeit, die uns wirklich gehört.
(Blaise Pascal)

Tote können nicht mehr handeln. Wer tot ist, kann nichts mehr tun. Er kann nichts mehr anpacken, gestalten, verändern. Manch gestresstem Zeitgenosse erscheint die Aussicht darauf durchaus verlockend: »Da muss ich nichts mehr tun... Endlich Ruhe.«

Wir alle sehnen uns – überlastet von den vielen Anforderungen, die Beruf, Freunde und Familie an uns stellen – verständlicherweise manchmal nach einem Ort, an dem Totenstille herrscht und keiner mehr etwas von uns will.

Ein Ort, an dem wir nicht mehr zwischen zweihundert verschiedenen Versicherungspolicen und einem halben dutzend unterschiedlicher Salatsoßen entscheiden müssen, ganz zu schweigen von Ravioli, Kleidung, Autos, Handys usw. Ein Ort, wo der ganze Druck, der damit verbunden ist, das Leben zu gestalten, vorbei ist.

Ich kenne solche Momente, in denen mir alles über den Kopf wächst und ich mir wünsche, nicht mühsam Schritt für Schritt Berge von Anforderungen zu erklimmen, sondern wie von einer unsichtbaren Seilbahn mühelos nach oben getragen zu werden. Von so einer gläsernen Seilbahn habe ich mein Leben lang geträumt. Bis zu dem Tag als mich eine liebevoll-direkte Freundin knallhart darauf aufmerksam machte, dass der Wunsch, alles möge von selbst geschehen, Leben blockiert und

Kräfte bindet, und dass sie mir empfehlen würde, mich besser davon zu lösen – und statt dessen das Handeln zu bejahen.

Das war hart, aber gut. In den folgenden Monaten habe ich erlebt, wie meine vorher durch Wunschträume abgelenkte Gestaltungskraft sich neu entfaltete und wie sich das positiv und stärkend auf meinen Beruf und mein Privatleben auswirkte.[8] Das Leben bietet uns kein Schlaraffenland, in dem alles von selbst geschieht, wenn wir es nur wünschen. Es bietet uns jedoch die Möglichkeit, Dinge und Umstände aktiv zu gestalten.

Gestalten können und dürfen, gehört zum Grundauftrag des Menschen. Die Frage, die Gott und das Leben an uns stellen, ist nicht: »Wie komme ich hier unbeschadet raus?«, sondern »Wie kann ich meine Welt positiv prägen und verändern? Wie kann ich etwas gestalten, was mir und anderen nützt? Wie kann ich etwas Gutes hinterlassen?«

Die Schöpfungsgeschichte beschreibt in sehr malerischen Worten die Würde, die uns Gott mit der Einladung gibt, unsere Welt zu gestalten: »Gott segnete die Menschen und sagte zu ihnen: ›Seid fruchtbar und vermehrt euch! Füllt die ganze Erde und nehmt sie in Besitz! Ich setze euch über die Fische im Meer, die Vögel in der Luft und alle Tiere, die auf der Erde leben, und vertraue sie eurer Fürsorge an.‹ «[9]

Mich fasziniert das. Es gehört zur Einzigartigkeit des Menschen, dass wir die Wahl haben, ob und wie und was wir gestalten wollen. Wir können mit dazu beitragen, dass diese Welt besser oder schlechter wird. In der Sprache der Bibel gesprochen: Ob wir den wunderbaren Garten, der uns anvertraut ist, pflegen oder verkommen lassen. Die Nachwelt wird uns dafür in Erinnerung behalten, welche Probleme wir in der Welt verursacht und welche Probleme in der Welt wir gelöst haben und ob wir dazu beigetragen haben, das Leben auf diesen Planeten ein Stück lebenswerter zu machen.

Als Christin stellt mich dies immer wieder neu vor die Frage: Wenn ich an einen Gott glaube, der in dieser Welt handelt, wo beginnt und endet dann mein Handeln und meine Verantwortung? Ich habe noch keine perfekte, theologisch und praktisch eindeutige sowie wasserdichte, für alle Zeiten gültige Pauschalantwort darauf gefunden.

---

[8] Diese Geschichte habe ich ausführlich in »Die gläserne Seilbahn« beschrieben; zu finden in der Textrubrik bei www.down-to-earth.de.

[9] Die Bibel, Genesis 1, 28.

Ein Gedanke, der mir hilft, mit dieser Spannung umzugehen, ist, dass die Bibel nicht davon spricht, dass uns ein Schlaraffenland anvertraut wurde, in dem wir faul in Liegestühlen liegen und uns die himmlischen Brathähnchen in den Mund fliegen. Nicht einmal Gott verspricht uns, dass alles von selbst geschieht, wenn wir nur beten.

Dennoch sind wir nicht allein in einer düsteren und trostlosen Welt, in der alle Verantwortung auf unseren Schultern lastet. Was uns anvertraut wurde, ist ein Garten, den wir in der Beziehung zu Gott gestalten sollen. Nicht alleine, sondern in Bezug auf ihn und in Kommunikation mit dem Schöpfer, der manches ganz natürlich wachsen lässt, aber dem es durchaus zuzutrauen ist, dass er ab und an auch übernatürlich eingreift. Überraschungen inbegriffen! 10

Jedem Menschen ist ein anderes Stück dieses Gartens anvertraut, das er gemäß seiner Fähigkeiten gestalten kann. Der eine trägt auf Grund seiner Persönlichkeit, Talente, Begabungen und Beziehungen mehr Verantwortung für die Welt als andere. Aber um diese Verantwortung wahrzunehmen und der Welt etwas Positives hinterlassen zu können, müssen wir erkennen, dass wir Raum zur Gestaltung haben und uns dafür entscheiden, diesen Gestaltungsraum auch zu nutzen.

Die Not der Welt und die Potentiale, die in uns liegen, auf diese Not zu reagieren, stellen Anfragen an uns, auf die wir reagieren sollten. Wir tragen keine Verantwortung für Situationen, die wir nicht beeinflussen können, aber umso mehr für Umstände, auf die wir Einfluss nehmen können.

In vielen Fällen ist der Einfluss, den wir haben, größer als wir denken. Ob wir Opfer einer Situation sind oder nicht, hat weniger mit der Situation zu tun, als mit unserer Bewertung der Situation. Mich hat in den letzten Jahren kaum etwas so sehr herausgefordert und gestärkt – und letztlich auch zur Entstehung dieses Buches beigetragen – wie der Gedanke, dass wir in jeder Situation die Wahlfreiheit haben, wie wir reagieren. Oder anders gesagt: Es gibt keine Situation, in der wir keine Wahl mehr haben, wie wir reagieren. Das ist kein neuer Gedanke. In der Bibel und anderen klassischen Schriften werden die Menschen häufig dazu aufgefordert, ihre Handlungsfreiheit zu nutzen, um das Gute und das Leben zu wählen.

In der Form, die mich in den letzten Jahren besonders bewegt hat, wurde dieser Gedanke der Wahl und der Verantwortung von dem

Wiener Psychologen Viktor Frankl formuliert. Frankl hat mehrere Konzentrationslager, unter anderem Auschwitz, überlebt und einen Großteil seiner Familie im Holocaust verloren. Er beschreibt in seinem Buch *Trotzdem Ja zum Leben sagen*,[10] dass es keinen Moment gibt, in dem der Mensch nicht frei entscheiden kann, wie er auf das reagiert, was ihm begegnet. Selbst vor einer Exekution hat der Mensch noch die Wahl, ob er die letzten Minuten seines Lebens mit Dankbarkeit oder Hass verbringen will, mit Würde oder Einschüchterung. Wir können nicht immer beeinflussen, was mit uns geschieht, wohl aber, wie wir reagieren.

Erlebte Grausamkeit kann – je nachdem wie wir darauf reagieren – dazu führen, dass wir zu weicheren, liebevolleren Menschen werden oder zu verbitterten Biestern, mit denen niemand etwas zu tun haben möchte. Es bleibt immer unsere Wahl, ob wir uns dafür entscheiden, mit in den Tod zu gehen oder ob wir nah am Leben bleiben.

Frankl betont an vielen Stellen seines Buches, dass uns niemand diese Wahl für oder gegen das Leben nehmen kann. Es ist unsere Wahl, immer unsere eigene Wahl, wie wir reagieren. Niemand kann uns diese Wahl nehmen. Nur wir selbst können sie nicht wahrnehmen. Oder uns dafür entscheiden, das Leben aus vollem Herzen anzunehmen und zu gestalten – jeden Moment.

[10] Viktor Frankl: ...trotzdem Ja zum Leben sagen. Ein Psychologe erlebt das Konzentrationslager, dtv, 1998.

Handlungsspielraum erkennen

Wer sich dem Leben nicht handelnd aussetzt,
dem kann das Leben auch keine Antworten geben.
(Klaus Bernd Vollmar)

Wir alle haben Grenzen. Und das ist auch gut so. Unsere Grenzen definieren, was wir sind und tun können. So wie die Grenzen eines Landes das Land definieren, definieren unsere Grenzen, die Umrisse unseres Körpers von Füßen bis Nase und Ohren bis zu den Händen, wer wir sind. An meinem Umriss, meinen Grenzen ist erkennbar, dass ich eine Frau bin und wer meinen Umriss kennt, erkennt auch mich als Kerstin. Ohne unsere individuellen Umrisse oder Grenzen wären wir nicht erkennbar. Das mag ein Trost sein, wenn man sich die eine oder andere Umrissform vielleicht etwas anders gewünscht hätte.

Meine Grenzen bestimmen auch, was ich tun kann, was nicht. Meine Körpergröße hat einen Einfluss darauf, an welche Regale ich mit der Hand fassen kann und bei welchen ich auf die Küchenschränke klettern muss, um das dort lagernde Geschirr heraus zu holen. Und mein Gewicht und meine physische Stärke beeinflussen, mit wem ich es zur Not in einem Handgemenge aufnehmen könnte und wo ich es besser bleiben lassen sollte.

Auch in Bezug auf Zeit und intellektuelle Fähigkeiten bin ich begrenzt. An die meisten unserer eigenen Grenzen haben wir uns im Laufe der Zeit gewöhnt und kommen damit mehr oder weniger gut klar. Schwieriger wird es, wenn Umstände oder das Verhalten anderer Menschen uns zu begrenzen scheinen. Auch wenn wir unser Leben aktiv gestalten, haben wir es nie zu 100% unter Kontrolle.

Ständig geschieht Ungeplantes. Manchmal sind das überraschend schöne Dinge. Häufig übereilen uns jedoch Ereignisse, die nicht unseren Wünschen und Vorstellungen entsprechen. Menschen handeln und reagieren anders, als wir es uns wünschen würden. Traurige Ereignisse, Missverständnisse und Ungerechtigkeiten überschatten unser Leben.

In meiner Beratungspraxis bin ich häufig im Gespräch mit Menschen, die sich als Opfer fühlen. Das Leben hat ihnen übel mitgespielt, sie haben Situationen erlebt, die außerhalb ihrer Kontrolle schienen oder die sie als unkontrollierbar empfanden. Sie fühlen sich generell als Opfer der Umstände und nehmen den Handlungsspielraum, den sie haben, gar nicht mehr wahr.

Einer jungen Frau gab ich am Ende einer Beratung die Aufgabe mit, mir eine Woche lang täglich eine Liste von Situationen zu mailen, in denen sie nicht als Opfer, sondern als Frau, die entscheiden und gestalten kann, reagiert hat. Auf der ersten Liste, die sie mir schickte, stand:

»Ich habe heute entschieden:

1. Habe mich entschieden morgens ans Bad zu klopfen, da ich zur Toilette musste und meine Mitbewohnerin richtig lange gebraucht hat.
2. Zeitung zu lesen
3. Auf eine Hilferuf-E-Mail später zu antworten und zuerst zu überlegen (Ich kam auf eine richtig gute Idee)
4. Eine anstrengende E-Mail von meiner Schwester erst später zu beantworten (auch eine sehr gute Entscheidung)
5. Ich habe mich entschieden, mich bei einem Problem auf das zu konzentrieren, was ich machen kann (habe trotzdem noch keine Lösung gefunden).« ...

Mich fasziniert diese Liste. Ich konnte richtig vor mir sehen, wie sie sich in ähnlichen Situationen (z. B. wartend vor der Badezimmertür) üblicherweise hilflos und als Opfer gefühlt hat (»Warum muss die gerade jetzt so lange brauchen, wenn ich mal muss?«). Nun denkt und erlebt sie: »Ich habe Spielraum zu handeln. Ich kann reagieren und um Beschleunigung bitten. Ich kann entscheiden, was ich aus der Situation mache!« Ich kann nur ahnen, welchen Unterschied es für ihr Leben und ihre Lebensqualität macht, aus der Opferrolle herauszutreten, sich als Frau wahr zu nehmen und Schritt für Schritt zu einer Frau zu werden, die ihr Leben kraftvoll gestaltet.

Wenn wir in Situationen stecken, in denen wir uns machtlos fühlen, bedeutet das nicht, dass wir keinerlei Handlungsspielraum mehr haben, sondern es bedeutet lediglich, dass eine bestimmte Situation das Gefühl der Machtlosigkeit in uns weckt. Wenn der Chef oder Ehepartner tobt, ist man nicht machtlos. Es ist vielleicht unmöglich, den Lärm abzustellen, aber es gibt die Möglichkeit, das Zimmer zu verlassen, zu kündigen, zurück zu schreien oder die Finger in die Ohren zu stecken.

Wenn einen der Partner anschweigt, sind die Möglichkeiten, ein offenes, herzliches Gespräch mit ihm zu führen, zugegebenermaßen ziemlich eingeschränkt. Aber man hat immer noch die Möglichkeit, zu entscheiden, wie man sich selbst sehen und wie man reagieren will: Wie ein beleidigtes Kind, dem man seinen Willen nicht gibt. Oder wie eine erwachsenes Gegenüber, das dem anderen aus freien Stücken Schweigephasen zugesteht.

Man hat auch die Wahl, wie man in so einer Situation mit dem anderen kommunizieren will: Wie ein ehrliches Gegenüber, das auch sagen kann: »Dein Verhalten verletzt mich!« Oder wie ein kleines Kind, das hilflos bettelt: »Ach komm doch, sei doch nicht so...« Oder wie ein feuerspeiender Drache, der türeschlagend signalisiert: »Das lasse ich mit mir nicht machen.« Oder wie ein entspannter Freund, der sich von Schmollverhalten nicht irritieren lässt, sondern sich in der Küche erst mal etwas Leckeres zu essen kocht und klar äußert: »Du kannst gerne auch etwas mit essen. Aber ich bitte dich, beim Essen nicht zu schweigen.«

Wir haben fast unendlich viele Wahlmöglichkeiten, wenn es uns gelingt, uns mental aus der Opferrolle zu befreien und unsere Handlungsoptionen wahrzunehmen.

In der *Bergpredigt*[11] gibt Jesus seinen Zuhörern Ratschläge, wie sie mit dem dominanten Verhalten anderer umgehen sollen. Er sagt: »Wenn dich einer zwingt, etwas für ihn zu tun oder ihm etwas zu geben, dann gib ihm mehr als er fordert.« Früher mochte ich diese Passage nicht. Ich dachte, das bedeutet, dass Christen immer super lieb und süßlich sein müssen. Und manchmal sind sie es auch. So sehr, dass einem davon schlecht wird, wie von zu viel Konfekt.

Mittlerweile verstehe ich die Passage ganz anders. Wenn dich einer zwingt, einen Kilometer lang sein Gepäck zu schleppen, dann trage es freiwillig, aus freien Stücken zwei Kilometer. Wer ist in der Situation das Opfer? Wer ist der, der frei ist, so zu handeln, wie er es gut findet?

---

[11] Die Bibel, Neues Testament, Matthäus Kapitel 5.

Oder: Wenn dich einer unter Druck setzt, ihm etwas zu geben, gib ihm mehr. Damit bist du nicht mehr Opfer, sondern der, der aus freien Stücken entscheidet, was er tut.

Da mich Menschen selten bitten, ihr Gepäck zu tragen oder ihnen Kleidungsstücke zu geben, habe ich mich gefragt, wie ich diesen Ratschlag in meine Lebenswirklichkeit übersetzen würde. Vielleicht so:

»Wenn dich einer zutextet, dich zum Opfer seines Redeschwalls machen will, dich mit Worten und Blicken zu fesseln versucht, dann entscheide dich freiwillig, ihm Zeit und Aufmerksamkeit zu schenken. Dann bist du nicht mehr Opfer, sondern Gestalter.«

Oder »Wenn jemand etwas von dir will, dann gib es ihm nicht nur aus einem Gefühl der Pflichterfüllung heraus. Das macht dich nur unfrei. Entscheide dich. Und wenn du dich als freier Mensch entschieden hast, es ihm zu geben, dann tue es gern und packe als Krönung noch was extra obendrauf. Du bist der Handelnde und du hast die Wahl.«

Der argentinische Autor Jorge Bucay illustriert in der Geschichte *Ich bin Peter*[12] diesen Gedanken. Ein Bulle von einem Mann betritt eine schäbige Kneipe und brüllt: »Wo ist Peter? Dem werde ich es heimzahlen.« Er brüllt und brüllt, bis schließlich ein hageres kleines Männchen vor ihm steht und mit leiser, aber fester Stimme sagt: »Ich bin Peter!« »Ha« brüllt darauf der Grobian, zerschlägt dem Kleinen die Brille, streckt ihn mit einem Schlag nieder und verlässt die Kneipe. Nachdem der Kneipenwirt und die anderen Gäste das Opfer des Gewaltaktes mit etwas Whiskey wieder belebt haben, sind sie erstaunt über dessen Reaktion: »Dem habe ich es aber gegeben«, sagt er mit vor Stolz geschwellter Brust »Ich bin gar nicht Peter.« Wer ist hier das Opfer? Wer der Täter? Wer hat die Situation im Griff?

Vielleicht gefällt mir diese skurrile Geschichte auch deshalb so gut, weil sie mich an die Passionsgeschichte erinnert. Da wirkt einer – Jesus – wie das Opfer schlechthin. Und doch bleibt er bis zur letzten Minute der Handelnde. In Verhören antwortet er nicht, wenn er nicht will. Nutzt Wunderkräfte nicht, um sich selbst zu befreien. Geht den Weg ans Kreuz. Aus freien Stücken. Als der Handelnde. Erträgt alles freiwillig. Und steht am Ende wieder auf.

[12] Aus: Komm, ich erzähl dir eine Geschichte. Amman Verlag, 2005, S. 215-221.

Er sagt damit allen Grobianen der Welt wissend-triumphierend-siegesgewiss-lächelnd: »Ich bin gar nicht Peter oder Judith oder Mike oder Kerstin. Aber ich habe die Schläge für sie eingesteckt. Freiwillig.«

Damit stellt er ein für alle Mal klar, dass Täter und Opferrollen nicht für immer fixiert sind, sondern wir in jeder Situation die Wahl haben, wie wir reagieren wollen. Wie Viktor Frankl im KZ. Wie Jesus am Kreuz. Wie ich und du heute. Es gibt – außer dem Sterben selbst, das du nicht verhindern kannst – keine Situation, in der du nicht eine gewisse Wahl hast, wie du reagierst.

Fragen zum Weiterdenken

Welchen Perspektivenwechsel muss ich vornehmen, um mein Leben aktiver gestalten zu können?

....

....

....

Welche einschränkenden Gedanken will ich durch befreiende Gedanken ersetzen, um mich mehr als Gestalter/in meines Lebens wahrzunehmen?

....

....

....

Was will ich ändern, um mich in Lebensbereichen oder Beziehungen, in denen ich mich bisher immer als Opfer der Umstände fühlte, aktiver handeln zu können? Was könnte der erste Schritt sein?

....

....

....

Aktiv gestalten

I choose to choose.
Ich wähle die Wahl.
(Autor unbekannt)

»Toleranz kommt von *tolerare*, das bedeutet ertragen.« Das hat mir mein Vater immer wieder eingebläut. Er liebt Latein und kann selbst nach zwei Saunagängen lateinische Texte noch besser übersetzen als ich in meinen besten Zeiten: »Kerstin, wo ist das Substantiv? Und das Hauptverb? – Nein. Subito ist kein Verb, sondern ein Adjektiv.« »Ähm. Schwitz.«

Es ist nicht viel übrig geblieben von meinem Schullatein: *Claudia hodie in colosseo est.* »Claudia ist heute im Kolosseum.« Erste Lektion. Das weiß ich noch. Und: *Mortem* heißt »gestorben«. Das kann man auf alten Grabsteinen lesen. Aber schon bei den römischen Zahlen, die die Lebensdaten der dort Liegenden beziffern, bin ich mit meinem Latein am Ende. Ziemlich magere Ausbeute für ein paar tausend Stunden Schulunterricht und Büffeln zu Hause.

Aber »*tolerare* heißt ertragen« – das ist bei mir hängen geblieben. Daran denke ich immer wieder, wenn ich Diskussionen über mehr oder weniger Toleranz höre, über Multikulti und Toleranz für unterschiedliche Lebensstile. Letztlich geht es immer um die Frage: Was können, was wollen wir ertragen? Oder ganz persönlich: Was kann ich, was will ich ertragen? Manches ist einfach zu ertragen. Ich bin relativ gerne bereit andere zu unterstützen und etwas für sie zu tragen oder zu ertragen, wenn eine Person es offensichtlich nicht selbst schafft.

Wenn Menschen jedoch handeln könnten und es nicht tun, dann finde ich das unerträglich. Ich hasse Passivität. Nicht die gesunde Form von Passivität, die in guter Weise mit Energiereserven umgeht. So wie Passivhäuser es tun. Passivhäuser sind so konzipiert, dass sie nicht an unnötigen Stellen Energie verschwenden, sondern vorhandene Energien optimal nutzen.

Es gibt Menschen, die sind wie Passivhäuser. Sie setzen die vorhandene, begrenzte Energie bewusst für bestimmte Zwecke ein und lassen nicht zu, dass kostbare Energie an »undichten« Stellen verloren geht – in Bereichen, die Kraft kosten, aber kaum nennenswerte Ergebnisse bringen. Sie powern sich nicht aus, sondern haushalten gut mit der vorhandenen Zeit und Kraft. Sie wissen klar – und bringen es auch anderen gegenüber zum Ausdruck: »Das kann ich und will ich tun. Nicht mehr und nicht weniger.« Sie mischen nicht überall mit, gehen nicht über ihre eigenen Grenzen und bleiben in manchen Dingen bewusst und entschieden passiv.

Das finde ich gut. Ich handle ebenso. Ich habe mich bewusst entschieden, mein ehrenamtliches und finanzielles Engagement auf einige wenige Organisationen und Initiativen zu beschränken. Es tut mir gut, meine Zeit und Kräfte bewusst auf einige wenige Dinge zu fokussieren und nicht auf allen Hochzeiten gleichzeitig tanzen zu müssen. Das gibt mir auch die Möglichkeit, auf Anfragen gelassen reagieren zu können: »Danke, nein, ich engagiere mich schon an anderer Stelle!«

Das ist gesunde Passivität, die vorhandene Kraft bewusst einsetzt und Lebensenergie nicht an tausend Stellen verschwendet. Menschen, die in dieser Weise passive Stärke leben und mit Blick auf ihre Energiereserven gelassen und souverän »Nein« sagen können, statt sich verpflichtet zu fühlen, »Ja« zu sagen, obwohl sie eigentlich »Nein« denken, bewundere ich.

Die Passivität, die ich hasse, ist, wenn Menschen einfach nicht reagieren. Da tritt eine Anfrage an sie heran und sie reagieren innerlich und häufig auch verbal mit einem unverbindlichen »mal sehen«. Wer »mal sehen« sagt, sieht meist nicht wirklich hin. Echtes Hinsehen bewegt zur Entscheidung und zum klaren Handeln. Häufig bedeutet »mal sehen« aber nichts anderes als »Ich will das nicht sehen.« Die Anfrage wird damit mental weggeschoben.

Aus den Augen aus dem Sinn. Das ist so ähnlich wie mit den Papierstapeln, die sich unweigerlich in jedem Büro ansammeln, wenn man nicht gleich entscheidet, wo man dieses oder jenes ablegen will und es auch gleich dort ablegt.

Wenn Menschen mit etwas konfrontiert werden, das sie zum Entscheiden und Handeln auffordert und sie nicht reagieren, dann könnte ich die Wände hochgehen. Das kann ich kaum ertragen. Da komme ich mit meiner Toleranz für ihr Verhalten schnell an meine Grenzen.

Es kann sich um Mitarbeiter handeln, die mir gegenüber eine schwammige Zusage gemacht haben, etwas bis zu einem bestimmten Zeitpunkt zu tun. Menschen, die »Ja« gesagt haben, aber »Ich will mich nicht wirklich festlegen!«, meinten und die dann in Funkstille versinken. Oder Menschen, die unendlich lange über etwas reden, was sie belastet, ohne je zum Punkt oder zu einer Entscheidung zu kommen. Ja, ich meine die nervigen Kollegen, die unerzogenen Kinder, die schwierige Situation im Leitungsteam. Sie reden und reden, grübeln und denken nach, aber bleiben passiv. Sie denken und hoffen und denken lediglich: »Irgend etwas sollte geschehen.« Aber sie überlegen nicht konkret, welche Anfrage die Situation an sie stellt und sie entscheiden sich nicht: »Was will ich jetzt tun?«

Es nervt mich nicht nur, weil es meine Zeit raubt – zumindest dann, wenn ich meinen Handlungsspielraum nicht rechtzeitig nutze, um klar »Nein, das will ich mir jetzt nicht länger anhören!« zu sagen. Es nervt mich vor allem deshalb, weil ich sehe, dass ein solches Verdrängungsverhalten ihre Lebenskraft immer mehr einschränkt. Letztlich führt es dazu, dass der »Mal sehen«-Stapel in ihrem Leben immer größer wird, weil sie ihn nur selten wirklich ansehen und noch seltener angehen, kaum je entscheiden: »Das mache ich jetzt damit!«

Sie geben auf die Fragen, die das Leben ihnen stellt, keine Antwort, sind im wahrsten Sinne des Wortes ver-Antwortungs-los. Das Problem dabei ist: Je mehr man verdrängt und nicht beantwortet, umso schwieriger wird es, Dinge wieder ganz klar anzusehen und anzugehen. So wie mit der Ablage, die zur Qual wird, wenn der Stapel so unübersichtlich geworden ist, dass man nicht mehr weiß, was da alles liegt. Schon der Gedanke daran, sich damit zu beschäftigen, treibt den Blutdruck nach oben und aktiviert Fluchttendenzen: Bloß weg!

Im Grunde sind die Anfragen, die das Leben an uns stellt, nichts anderes als Nahrung. Jede praktische oder emotionale Herausforderung unseres Lebens ist ein kleines Kalorienpaket, das uns vermittelt: »So, hier bin ich. Ich stelle mich dir zur Verfügung, um deine grauen Zellen und dein Handeln zu aktivieren. Du kannst mich benutzen, um etwas damit zu gestalten und durch mich stärker zu werden.«

Wenn wir auf die Anfragen des Lebens bewusst und aktiv reagieren, werden unsere »Handlungsmuskeln« immer stärker. Im Laufe der Zeit werden wir in der Lage sein, auf Dinge konstruktiv zu reagieren, die uns früher vor Angst hätten flüchten lassen.

Aber leider ist auch das Gegenteil der Fall. Wenn wir den Anfragen des Lebens immer wieder ausweichen, nicht reagieren und nicht entscheiden, sondern die offenen Fragen zur Seite schieben, auf den Stapel, den wir »irgendwann« mal erledigen wollen, dann haben sie die gleiche Auswirkung auf unser Inneres wie unverbrauchte Kalorien auf unseren Körper: Sie sammeln sich an. Erst unmerklich. Dann immer mehr. Bis wir am Ende dick und fett und handlungsunfähig sind.

Je länger wir Dinge ungeklärt liegen lassen – egal, ob es sich um nicht getroffene Entscheidungen oder ungeklärte Anfragen oder Beziehungen handelt, umso schwerer wird es, in dem »Wust« überhaupt noch durchzublicken. Unser Innerstes gleicht dann nicht mehr einem »wohlgeordneten Garten«, ein Bild mit dem die Bibel das Seelenleben eines innerlich aufgeräumten Menschen beschreibt, sondern eher einem undurchdringlichen Dschungel, in dem allerlei Gefahren lauern und den man besser überhaupt nicht betritt.

Um das Dickicht aus Passivität und nicht getroffenen Entscheidungen zu roden und den Ballast, der sich auf unsere Seelen gelegt hat, loszuwerden, können wir nur eines tun: Erst einmal, so gut es geht, dafür sorgen, dass wir keinen weiteren Ballast aufnehmen und dann Schritt für Schritt den Ballast der ungeklärten Fragen, den wir schon angesammelt haben, wieder loswerden.

Für mich geht das am einfachsten, wenn ich mir regelmäßig (täglich kurz und ab und zu länger) Zeit nehme und mich ehrlich frage. »Was belastet mich? Was schleppe ich mit mir herum? Wo habe ich nicht klar reagiert? Was habe ich verdrängt?« Wenn ich gespürt habe, was in mir an ungeklärten Fragen rumort, überlege ich ganz konkret: »Was werde ich nun tun? Was muss ich entscheiden? Wie will ich damit umgehen?«

Wenn man erstmals so eine Entschlackungskur macht, kann es eine ganze Weile dauern, bis man am Boden des passiven Ballasts angekommen ist. Das ist ein ganzes Stück Arbeit. Befreiende Arbeit.

Jede nicht getroffene Entscheidung, jedes Wegschieben hat Ballast verursacht. Aber es ist auch nicht einfach, sich von dem Ballast zu trennen: »Winter ade, entscheiden tut weh...« Wenn die Entscheidung erst einmal getroffen ist, verwandelt sich der Ballast in Kraft:

»…aber entscheiden macht, dass mir das Herze lacht.« Unser Ballast ist trotz allem *unser* Ballast, der uns durch Vertrautheit eine Form von Sicherheit gibt. Im Gegensatz dazu ist uns das Gefühl, das wir haben, wenn der Ballast erst einmal weg ist, noch nicht bekannt.

Innere Lösungsprozesse fühlen sich in der Anfangsphase an, wie wenn man nach jahrelangem körperlichen Stillstand erstmals wieder joggen geht: träge und schwer, jeder Schritt eine Überwindung. Aber mit der Zeit wird das Laufen leichter, man freut sich an der neuen Energie und spürt: Ich habe Kraft.

Ideal ist es natürlich, wenn sich erst gar kein Ballast ansammelt, indem ich auf meine Gefühle, besonders auf Unwohlsein achte und auf Anfragen zeitnah reagiere, egal ob es sich um praktische Anfragen handelt oder ob ich spüre, dass mich etwas emotional bewegt und ich innerlich eine Entscheidung treffen muss.

Ich übe mich bewusst darin, mich gleich zu entscheiden, was ich mit Dingen tun will. Das verhindert ein gutes Stück weit, dass sich emotional »Fett« ansammelt und mich im Inneren immer unbeweglicher macht. Weil es so viel Leben und Lebenskraft raubt, hasse ich Passivität und Verdrängen bei mir und anderen und bekämpfe es bei mir und anderen so gut es geht. Am effektivsten mit der Frage: »Was willst du jetzt tun?«

Fragen zum Weiterdenken

Was belastet mich derzeit am meisten? Was will ich damit tun?

....
....
....

Was aus der Vergangenheit belastet mich noch? Wie kann ich mich davon lösen?

....
....
....

Will ich regelmäßige »Entschlackungszeiten« in mein Leben einbauen? Wenn ja: Wie werde ich es tun?

....

....

....

Konkret handeln

13

Jeder Mensch trägt in sich die Sehnsucht danach, ein Weltverbesserer zu sein, und diese Sehnsucht kommt direkt aus dem Herzen Gottes.
(Bill Hybels)

Alfred Adler, Psychoanalytiker, und Victor Frankl, Begründer der Logotherapie, stellten fest, dass der Mensch drei wesentliche Dinge braucht, um geistig und seelisch gesund und glücklich zu sein:

1. Die Gelegenheit und den Raum die eigene Einzigartigkeit zu leben.
2. Die Möglichkeit die eigenen Talente zu entdecken, auszubilden, einzubringen und sich an ihnen zu erfreuen.
3. Sinnerfüllung in dem zu erleben, was er tut.

»Wir alle haben das Bedürfnis für etwas zu leben, das größer ist als wir selbst und unser eigenes Leben. Deshalb erleben wir solche Freude, wenn wir über uns hinaus leben.«[13]

Es macht uns glücklich, wenn wir geliebt werden. Wir erleben die beglückende Freude, gebraucht zu werden, weil einem oder mehreren Menschen emotional oder praktisch etwas – genauer jemand – fehlt, wenn wir nicht da sind. Es ist wunderschön, geliebt zu werden. Das schenkt uns ein tief befriedigendes, warmes, beruhigendes, wohltuendes Gefühl: Ich bedeute Menschen etwas. Ich bedeute ihnen viel.

Ein anderes, tiefes, auf andere Art und Weise beglückendes Gefühl ist, Liebe zu geben, Sinn zu stiften und das Leben in und auf dieser

[13] Birgit Schilling: Berufung finden und leben. Lebensplanung für Frauen. Brockhaus, 2007, S. 17.

Welt für andere erträglicher und besser zu machen. Es löst ein kraftvoll-freudiges Gefühl aus, zu sehen, dass man wirken und etwas bewirken kann.

Birgit Schilling berichtet[14] von einer Klientin, deren depressive Verstimmungen wie »von selbst« verschwanden, nachdem sie eine sinnvolle Aufgabe gefunden hatte und sich leidenschaftlich engagierte.

Sinn finden wir dann, wenn wir in irgend einer Weise auf eine Anfrage in der Welt reagieren, die uns besonders bewegt und auf die wir reagieren können. Sinnstiftend handeln zu können, hat zwei Komponenten: Sinn und handeln können.

Es bedeutet zum einen, herauszufinden, was für mich Sinn macht. Das ist von Mensch zu Mensch unterschiedlich. Den einen spricht eine bestimmte Not in der Welt an, den anderen eine andere. Der eine erlebt Lebenskraft und Inspiration, wenn er sich für eine bestimmte Sache einsetzt, die bei einem anderen vielleicht so viel Begeisterung wecken kann wie die Briefmarkensammlung seines kleinen Bruders.

Wenn wir uns entscheiden, wo wir Sinn stiften wollen, dürfen wir getrost dem vertrauen, wofür unser Herz schlägt. Wir können uns fragen: »Wofür kann ich mich begeistern? Bei welcher Handlung für andere Menschen fühle ich mich lebendig? Was weckt meine Sehnsucht?«

Wenn wir auf dieser Welt etwas Sinnvolles bewirken wollen, dann darf uns das ruhig Freude machen. Mit guter Laune bewirkt man mehr. Der Schöpfer selbst hat sich das so ausgedacht. Er erwartet von uns keine sture Pflichterfüllung, für die wir irgendwann im Himmel mit Glück belohnt werden. Er hat uns und das Leben vielmehr so gestaltet, dass alle Handlungen, die Sinn und Leben hervorbringen, fördern und stärken, Gefühle von Glück mit sich bringen.

Das betrifft Handlungen, die das biologische Leben erhalten wie z. B. Sex, Essen, Bewegung und Lernen, ebenso wie Aktivitäten, die soziales Leben fördern z. B. Lieben, Geben, Sinnvolles tun. Kurz: Alles, was Leben bringt, macht auch glücklich.

Von daher ist es gut, sich bei der Frage nach einer sinnvollen Tätigkeit, durchaus vom Lustprinzip leiten zu lassen: Worauf habe ich Lust? Was würde ich gerne tun, um das Schicksal anderer Menschen zu verbessern oder um die Not in der Welt zu lindern? Was sind meine Träume? Wofür schlägt mein Herz? Welche Vorstellungen machen mich glücklich?

---

[14] Berufung finden und leben, S. 13+18, a.a.O.

Sinn kann sehr vielfältig sein und gestaltet werden. Es muss nicht unbedingt etwas vordergründig Soziales sein. Die Erforschung von Impfstoffen, das Entwickeln von ökologischem oder erdbebensicherem Baumaterial oder treibstoffarmen Flugzeugen trägt ebenso zum Wohl von Menschen bei, wie direkte medizinische oder soziale Hilfe. Für den einen bedeutet Sinn stiften, lebensnahen Schulunterricht zu gestalten; für den anderen Gesetze zu formulieren, die unternehmerisches Handeln ermöglichen, statt es zu blockieren. Für den dritten eigenen oder fremden Kindern ein Zuhause und Geborgenheit zu bieten. Der eine kann Sinn vor allem in der beruflichen Tätigkeit finden, ein anderer entdeckt ihn im Ehrenamt oder privaten Engagement.

Ein Bekannter von mir hat in den letzten Jahren eine Handelskette für »faires Gold« entwickelt. In »normalen« Goldminen werden Arbeiter zu Billiglöhnen beschäftigt und das Gold wird mit Chemikalien heraus gewaschen, die den Boden auf Jahrzehnte hin vergiften. Er hat Jahre seiner Lebenszeit investiert, um umweltfreundliche Abbaumethoden und faire Löhne für den kompletten Arbeitsprozess vom Abbau bis zur Verarbeitung durchzusetzen.[15] 13

Ich finde seine Entscheidung, sich dafür zu engagieren goldrichtig. Und ich bewundere ihn dafür. Aber ich könnte nicht tun, was er tut. Mir fehlt das Wissen dafür. Ich habe von Gold noch weniger Ahnung als von ökologischer Rinderzucht und ich kann nur im Rahmen meiner Möglichkeiten handeln. Mir fehlen sein Verhandlungsgeschick, sein Wissen um internationale wirtschaftliche Zusammenhänge und nicht zuletzt die Zähigkeit an einer einzigen Sache zehn Jahre lang dran zu bleiben. Einen Menschen zehn Jahre zu begleiten – ja, das kann ich. Aber zehn Jahre lang in etwas zu investieren, bevor ich ein Ergebnis sehe – dazu fehlt mir die Ausdauer.

Der zweite wichtige Punkt bei der Frage, wo und wie ich Sinn stiften will ist: Was kann ich tun? Was befindet sich im Rahmen meiner Talente, Möglichkeiten und meines Einflussbereichs? Manches kann ich. Anderes kann ich nicht. Ich kann gut schreiben. Aber nicht gut Zahlen analysieren. Ich mag Babys, verbringe aber meine Zeit lieber mit größeren Kindern. Ich bin eher ein sozialer Mensch als ein Einzelgänger usw.[16]

---

[15] www.cred.tv

[16] Kerstin Hack, Nr. 1. Entdecke, wer du bist, finde deinen Platz. Erläuterungen und Tests, den eigenen Leidenschaften und Talenten auf die Spur zu kommen.

Wenn man ahnt, wofür das eigene Herz schlägt, was man gerne tut und auch, was im Rahmen der eigenen Möglichkeiten liegt, steht man – mal wieder – vor einer Entscheidung. Wofür will ich mich mit Haut und Haar einsetzen? Wer versucht, alles zu tun, wird nichts richtig tun können.

Ein Bekannter von mir formulierte es treffend: »Leidenschaft ist Ausrichtung auf eine Sache. Bei der WM 2006 gab es einen brasilianischen Fußballspieler Namens Ronaldo. Er hatte eine Leidenschaft für Fußball. Aber er hatte auch eine Leidenschaft für gutes Essen.«

Gut ist, wenn man *eine* Leidenschaft hat, sie kennt, sich auf sie konzentriert und sie mit ganzem Herzen und ganzer Energie verfolgt.

Fragen zum Weiterdenken

Was begeistert mich? Wofür möchte ich mich gerne einsetzen? Was möchte ich in dieser Welt bewegen und verändern?

....

....

....

Was sind meine Stärken und Fähigkeiten, die ich dafür nutzen könnte?

....

....

....

Wofür will ich mich konkret entscheiden?

....

....

....

13

4

Mitfließen

Wenn das Pferd tot ist, sollte man absteigen.
(Alte Indianerweisheit)

14

Am Endpunkt unseres Lebens haben wir keine Wahl mehr. Wir müssen sterben. Da fragt uns keiner, ob wir das wollen oder nicht. Da hilft auch alles Anstemmen, Verweigern, Festhalten und Festklammern nicht. Wenn die Zeit dafür gekommen ist, muss man sterben.

Ein Toter kann nicht mehr »Ja« zum Leben sagen. Das ist das Privileg der Lebendigen. Ein Toter hat nicht mehr die Wahl, ob er Dinge loslassen will. Er muss alles loslassen. Innerlich lebendige Menschen stemmen sich nicht gegen das, was das Leben ihnen bringt. Sie fließen mit. Sie lassen sich auf das Leben in ihrer Zeit und dem, was genau diese Zeit zu bieten hat, voll und ganz ein. Mit anderen Worten: Sie sagen »Ja« zum Leben. So wie es jetzt ist.

Das Leben begegnet uns manchmal mit Licht und manchmal mit Schatten. Daran können wir nichts ändern, auch wenn wir uns häufig wünschen, wir könnten immer nur auf der Sonnenseite leben und uns vom Leben und der Welt ungerecht behandelt fühlen, wenn es bei uns mal nicht so gut läuft. Was wir aber beeinflussen können, ist unsere Reaktion auf das, was uns begegnet: Wir können wählen, ob wir mit dem, was das Leben uns anbietet, mitfließen oder uns dagegen stellen.

Auch wenn uns die Tage voller Sonnenschein meist lieber sind als die dunklen Stunden, ist gerade in der Abwechslung von hell und dunkel, im Wechsel der Jahreszeiten, die mal Sonne und mal Regen spenden, Leben zu finden. »Wo immer nur Sonne ist, entsteht Wüste«, sagt ein arabisches Sprichwort. Zum Leben brauchen wir beides – die schönen Zeiten, um Freude und Energie zu tanken und die herausfordernden Zeiten, um zu lernen und zu wachsen.

Zu Beginn meiner Selbständigkeit habe ich vor allem Dokumentationsvideos verkauft. Die Zuschauer liebten die spannenden Berichte über das, was in Städten und Regionen geschah, für die andere sich leidenschaftlich einsetzten. Es war begeisternd, zu sehen, wie Menschen dadurch ermutigt wurden, selbst in ihrem Umfeld im Gebet und Handeln aktiv zu werden. Die Videos bewirkten viel: Initiativen für Städte und Regionen entstanden und trugen und tragen in manchen großen, aber vor allem in vielen kleinen Schritten zur Veränderung bei.

Es hat mich begeistert, das mitzuerleben und Impulse zur Veränderung zu geben. Es machte Spaß, die Videos zu produzieren und wie warme Semmeln zu verkaufen. Bis unmerklich VHS-Videos von DVDs abgelöst wurden. Nun lagen die Videos wie Blei im Lager. Keiner wollte sie mehr haben. Schleichend hatte sich etwas Wertvolles zu Ballast verwandelt.

Viele liegen bis heute im Lager. Ich wollte es nicht wirklich wahrhaben und habe lange weiter – gegen alle Vernunft – gehofft, dass noch mal ein »Schub« kommt und ich die bereits produzierten Videos noch an den Mann oder die Frau bringen kann. Vor kurzem habe ich den Mut gehabt, mir die Zahlen ganz nüchtern und realistisch anzusehen.

Wenn die Verkäufe im gleichen »Tempo« weitergehen wie derzeit, bin ich 84 Jahre alt, bis das letzte Stück über den Ladentisch gegangen ist. Theoretisch. Praktisch werden dann nur noch Greise wie ich überhaupt noch wissen, dass »früher« Videos auf Magnetbändern abgespielt wurden. Sie werden im Technikmuseum unter »Frühformen heutiger Videotechnik« ausgestellt werden. Gelangweilt werden Schulklassen an ihnen vorbeischlendern, um sich den aktuelleren technischen Geräten zuzuwenden.

Nachdem ich die Zahlen so nüchtern betrachtet habe, ist mir klar geworden, dass ich die Dinger wohl »abschreiben« kann, wie es so schön im Buchhalter-Deutsch heißt: als nunmehr wertlos verbuchen. Das tut weh. Ich habe mir in den letzten Tagen abwechselnd selbst Vorwürfe gemacht, wie ich nur so unvorsichtig sein und so viel produzieren konnte. Und mich selbst bemitleidet, weil ich so viel Geld verloren habe. Ein ziemlich unproduktiver Gefühlscocktail.

Um letzte Klarheit zu gewinnen, habe ich einen befreundeten Videoproduzenten angeschrieben und gefragt, ob er jemanden kennt, der für die Videos wenigstens noch irgendwie Verwendung hätte. Ich würde sie lieber verschenken als wegwerfen. Seine Antwort fiel schockierend kurz aus. »Die VHS-Kassetten können Sie entsorgen. Ich kenne niemanden, der daran Interesse hat und ich selber kann sie auch nicht mehr verwenden. Mit meinen Materialien hier verhält es sich genauso: Dabei geht es um Werte von (...) Millionen Euro.«

Mir hat es beim Lesen die Spucke verschlagen. Da hat einer viel mehr verloren als ich. Er hatte auf Grund der Verluste ein wirklich hartes Jahr hinter sich, in dem er vertraute Mitarbeiter entlassen musste. Er nahm das hin, aber geht weiter. Er lässt sich auf das ein, was jetzt gerade geht und steckt seine ganze Kraft in neue, gefragte Technik statt Altem und großen Verlusten nachzutrauern. Er fließt mit dem mit, was die Zeit ihm gerade anbietet, statt sich dagegen zu wehren und in Selbstvorwürfen und Selbstmitleid stecken zu bleiben. Einfach stark! Er ist, obwohl er allen Grund dazu gehabt hätte, nicht am Leben verzweifelt, nicht in Vorwürfen gegen sich selbst oder gegen die eigenartigen Kunden, die seine tollen Produkte nicht mehr wollen, stecken geblieben. Er hat seinem Gott und dem Leben vertraut und ist weitergegangen.

Ein lebendiger Mensch spürt, wo das Leben ist und fließt mit. Er bleibt nicht im Blick auf einstmals Lebendiges stehen und hofft vergeblich, dass es wieder zum Leben kommt. Er versucht nicht, ein totes Pferd durch Prügel und gutes Zureden zum Weitergehen zu bewegen. Statt dessen akzeptiert er, was ist. Er kann loslassen und weitergehen. Dahin, wo das Leben ist.

Annehmen

Der Willige wird vom Schicksal geführt, der Störrische geschleppt.
(Seneca)

Es klingt verrückt, aber es ist wahr: Sich selbst und das eigene Leben erst einmal so anzunehmen wie es ist, ist die Voraussetzung dafür, sich auf Veränderungen einlassen zu können. Es gibt Dinge in unserem Leben, die sind (praktisch) unveränderlich: Unsere Geschichte, unsere körperlichen und geistigen Voraussetzungen, unsere Eltern sowie manche Lebensbedingungen und Umstände. Es gibt vieles, was man nicht verändern kann und – ob man will oder nicht – annehmen muss, so wie es ist. Da kann man nur sagen: »Ja, so ist es. Das ist mein Leben.« Die unveränderlichen Dinge sind wie der Rahmen, innerhalb dessen unser Leben stattfindet. Es tut gut, sich diese Dinge anzusehen und zu sagen: »Ja, das ist mein Leben. So ist es. Das ist das, was mir gegeben wurde.«

Menschen, die innerlich ständig gegen ihr Leben rebellieren, immer nur denken: »Hätte ich doch... andere Eltern, einen anderen Körper, wäre ich intelligenter, beliebter, klüger...«, bleiben innerlich in den Bereichen stecken, auf die sie keinen Einfluss haben. Wenn man sich und das eigenen Leben ablehnt, stemmt man sich innerlich gegen die Vergangenheit und Gegenwart und wird sich nur schwer auf die Zukunft einlassen können. Denn auch sie wird voller »Ach, wäre dies oder jenes doch anders!« sein. Wer so über sich selbst denkt, wird Veränderungen immer nur gegen erheblichen inneren Widerstand durchsetzen können und das kostet unendlich viel Energie.

Das gilt natürlich nicht nur für die Ablehnung der eigenen Person und Persönlichkeit, sondern auch für das Nicht-Wahrhaben-Wollen dessen, wie die eigene Geschichte verlaufen ist, für das Nicht-Akzeptieren-Wollen, was geschehen ist, sondern im Hoffen und Wünschen stecken bleiben, dass es doch besser anders gewesen und geworden wäre. Wer so denkt, bleibt innerlich stecken.

Menschen hingegen, die anerkennen, was ist, können gestalten. »Ja, es ist so. Ich komme aus einer Trinkerfamilie. Ich habe keine gute

Ausbildung genossen. Ich bin derzeit übergewichtig. Ich habe in der Vergangenheit zu wenig in den Aufbau von Freundschaften investiert... Ich erkenne das als mein Leben an. Es ist jetzt so.«

Es ist gut, sich Zeit und Raum zu nehmen, Dinge, die traurig und schlecht waren, bewusst zu betrauern. Manches in unserem Leben war oder ist einfach schlecht und traurig.

Es ist wichtig, das anzuerkennen und darüber zu trauern. Sich die eigenen traurigen Gefühle und die Enttäuschung einzugestehen. Das kann – je nach Tiefe des Erlebnisses – durchaus längere Zeit in Anspruch nehmen. Aber es darf dann auch zum Loslassen führen: »Ja, das hat weh getan. Es war traurig. Ich hätte es mir anders gewünscht. Es war zum Heulen mies – das erkenne ich an. Aber ich bleibe hier nicht stehen, sondern gehe weiter.« Wer »Ja« zu dem gesagt hat, was war, kann das Leben leichter gestalten.

Als ich meine Magisterarbeit im Fach Völkerkunde abgeschlossen hatte, bot mir eine Professorin an, bei ihr meine Doktorarbeit zu schreiben. Es wäre sogar eine bezahlte Promotionsstelle gewesen. Ich hätte jedoch dafür länger in einem Land leben müssen, in dem ich weder die Sprache noch irgendwelche Menschen kannte. Im Normalfall bin ich mutig, aber zu dem Zeitpunkt, als ich die Anfrage erhielt, hatten zwei Frauen aus meinem Bekanntenkreis sich gerade in Krisensituationen das Leben genommen und eine dritte hatte es versucht.

Das und ein paar weitere Krisen, die mein Leben erschüttert haben, hat in mir Angst ausgelöst, allein in ein ganz fremdes Land zu gehen. Also habe ich habe das Promotionsangebot abgelehnt. Ich habe mich in den folgenden Jahren, auch in einer Zeit der Arbeitslosigkeit immer wieder gefragt, ob ich nicht den Fehler meines Lebens gemacht habe.

Wie konnte ich nur eine bezahlte Promotion ausschlagen? Wenn ich promoviert hätte, wäre ich jetzt Dr. Hack. Na ja, so richtig attraktiv klingt das auch nicht. Aber womöglich hätte ich das damals psychisch nicht verkraftet. Diese Frage hat mich jahrelang beschäftigt und mir Energie geraubt. Irgendwann einmal betete jemand für mich, der zwar wusste, dass ich Völkerkunde studiert hatte, jedoch nicht wusste, dass ich auch einen Doktortitel hätte erwerben können. Immer wieder sagte er: »Kerstin, ich glaube Gott will dich zum Doktor der Völkerkunde machen... du wirst Menschen in anderen Ländern gut tun.« Menschen Gutes tun – das kann ich. Ob mit oder ohne Doktortitel.

Das Gebet dieses Menschen half mir, in der Gegenwart anzukommen und mir zu sagen: »Ja, da habe ich eine Chance nicht wahrgenommen.« Und ich weiß bis heute nicht, ob ich »die Chance meines Lebens« verpasst habe oder ob ich dadurch der »Katastrophe meines Lebens« entgangen bin. Ich weiß es nicht. Und werde es wohl auch nie herausfinden können, weil niemand sagen kann, wie das Leben sich entwickelt hätte, wenn ich diesen oder jenen Abzweig anders genommen, diese oder jene Entscheidung anders getroffen hätte. Das eigene Leben gibt es nicht wie den Film *Lola rennt* in mehreren Varianten.

Aber das ist auch unerheblich. Ich lebe jetzt. Sage »Ja« zu meinem Leben. So wie es jetzt ist. Auch wenn ich die eine oder andere Chance verpasst habe, konnte ich doch die eine oder andere ergreifen und z. B. faszinierende Reisen nach Afghanistan und Marokko unternehmen.

Wenn ich mal vergesse, mein Leben zu bejahen, lasse ich mich von einer Freundin, die mir ein echtes Vorbild ist, herausfordern, mein Leben anzunehmen und zu gestalten. Sie musste auf Grund nicht ausreichender Körpergröße ihren Traum von einer Karriere im Ballett aufgeben. Da war einfach nichts zu machen. Ihr fehlten die entscheidenden zehn Zentimeter, um den damaligen Idealmaßen für Tänzerinnen zu entsprechen. Und ihr Körper – oder der ihres Mannes – war nicht fruchtbar. Und so ging auch der Traum von eigenen Kindern zu Bruch.

Was mich an ihr fasziniert, ist, dass sie über all dem nicht innerlich hart und bitter geworden ist. Ja, es war schwer für sie, als ihre Träume gestorben sind. Und sie beschönigt das in keiner Weise, sondern erzählt von den Tränen und inneren Kämpfen, die es sie gekostet hat, das Unabänderliche hinzunehmen und ihr Leben so zu nehmen, wie es ist. Sie erzählt davon, dass das nicht von einem Tag auf den anderen ging, sondern ein Prozess war, »Ja« zu ihrem Leben zu sagen. »Ja« zu dem, was das Leben ihr gab. Und auch zu dem, was es ihr verweigert hat.

Noch schwieriger ist es, wenn es nicht das »Schicksal« war, dass eine Entscheidung herbeigeführt hat, sondern ein anderer Mensch. Wenn vielleicht sogar ein geliebter Mensch sich dafür entschieden hat, uns nicht zu beachten, uns zu verlassen. Wenn jemand uns verletzt oder wenn ein Kind oder vertrauter Mensch sich anders entwickelt oder verhält, als wir das für gut heißen. In solchen Situationen besteht die Gefahr, dass wir gedanklich lange an der Situation hängen bleiben: »Ach, hätte er oder sie nur...« oder »Ach, hätte er oder sie nur nicht...«

Letztlich heißt es, andere Menschen loszulassen. Dazu muss man Vertrauen haben und den Mut, sie in die Würde einer möglicherweise falschen Entscheidung zu entlassen. Sie haben die Wahl – und damit auch die Möglichkeit, anders zu wählen, als ich das möchte.

Noch schlimmer ist es, wenn man selbst derjenige war, der die Fehler gemacht hat: »Ach hätte ich doch...« Mit diesem Denken kann man sich wirklich das Leben rauben. Ein Freund von mir hat vor einer Weile in einem mutigen Schritt eine Sucht beendet, die ihm Jahre seines Lebens verdorben hat. Ich war mächtig stolz auf ihn. Er selbst war auch froh, dass er den Weg aus der Sucht geschafft hatte. Gleichzeitig erging er sich jedoch in Vorwürfen: »Ich mache mir die ganze Zeit Gedanken, wie viel Zeit und Leben ich verloren habe!«, erzählte er mir. Ich reagierte ziemlich rabiat: »Siehst du nicht, was du machst? Erst verschwendest du dein Leben mit Sucht. Und jetzt damit, dass du unendlich viel Zeit damit verbringst, darüber nachzudenken, wie viel Zeit und Kraft du verloren hast.«

Vergangenes, Missglücktes und Unglückliches kann in der Tiefe nur der loslassen, der sich gehalten fühlt und der wer weiß, dass er sein Leben mit dem, was jetzt ist, weiter gut gestalten wird.

Fragen zum Weiterdenken

Was hätte ich in meinem Leben gerne anders gehabt? Wie kann ich das gut betrauern und dann bejahen?

....
....
....

Folgendes in meinem Leben will ich bewusst annehmen: »Ja, so war es. Ja, so ist es.«

....
....
....

In welchem Bereich meines Lebens will ich etwas Veränderliches bewusst verändern und gestalten?

....

....

....

Erinnern

Monumente bringen zum Ausdruck:
»Bis hierher bin ich gekommen.«
Eine Fußspur drückt aus: »Hier stand ich,
als ich mich wieder weiterbewegt habe.«
(William Faulkner)

Langsam komme ich in das Alter, in dem Freunde Sätze von sich geben wie »Als wir noch jung waren...« und »Weißt du noch?« Vor ein paar Jahren bat mich ein junger Mann mit folgenden Worten, einen Vortrag zu halten: »Wir hätten bei der Veranstaltung gerne jemanden von der älteren Generation dabei!« Ältere Generation. Puh! Ich war damals gerade mal 35 Jahre alt. Mir blieb die Spucke weg.

Mittlerweile arbeite ich mit dem jungen Mann, der auch nicht mehr ganz so jung ist wie damals, in verschiedenen Bereichen zusammen. Und vielleicht verzeihe ich ihm irgendwann...

Wir alle bleiben zeitweilig in der Erinnerung stecken, wie schön und gut und besser doch früher alles war. Egal ob es sich um Politik, Fernsehen, Kino, das Wohlverhalten der Sprösslinge, die Wirtschaft, die Arbeitsmoral oder weiß ich nicht was handelt. Früher war alles noch besser. Das sagten schon die alten Griechen über die Zeit vor ihrer Zeit. Ja, früher, da waren die Männer noch echte Männer, die Geschäftsleute noch ehrlich, die Strände noch nicht verdreckt, man konnte die Musik noch hören und die Politiker waren noch nicht so korrupt.

Wir neigen dazu, Erfahrungen und Bilder in Stein zu meißeln. Wie die vielen Monumente im zentralen Berliner Park, dem Tiergarten, die die Berliner respektlos *die Puppen* nannten. Wenn man einen langen Spaziergang unternahm, ging man »bis in die Puppen« und schaute sich an, wer da alles in Stein verewigt war – zumindest bis im nächsten Krieg die *Puppen* Kopf und Kragen verloren. Man betrachtete die Monumente derer, die die Geschichte unseres Landes geprägt haben und ging wieder zurück in das eigene Leben, zu Kaffee und Kuchen oder einer Berliner Weißen.

Wir alle unternehmen hin und wieder Spaziergänge zu unseren ganz persönlichen *Puppenalleen*. Wir blicken auf die idealisierten Monumente der »guten alten Zeit« zurück und denken: »Ach, wie war damals doch alles schön.« Und wir vergessen dabei, dass auch damals alles schon im Wandel war, Erinnerungen immer nur Momentaufnahmen sind, selten bewegte Bilder.

Ich erhalte regelmäßig Beschwerdebriefe von Menschen, die sich 16
daran stören, dass mein Verlag *Down to Earth* heißt und ich statt die deutsche Sprache rein zu erhalten, zulasse, dass meine Texte mit grauenhaften Fremdworten wie Homepage, Internet und E-Mail durchsetzt sind. Was ist die Alternative? Heimatseite, Verbundnetz, aus geladenen Teilchen bestehende Schriftstücke (Wie in aller Welt sagt man ›elektronisch‹ ohne Fremdwörter wie Elementarteilchen zu verwenden?). Menschen, die die Integration von Worten aus anderen Sprachen in die eigene Sprache kritisieren, vergessen, dass jede lebendige Sprache sich ständig im Wandel befindet, Worte aufnimmt und abstößt. Der Fremdwörter-Duden listet etwa 60.000 Fremdwörter auf, die in unsere Sprache integriert wurden. Viele ursprünglich aus anderen Sprachen integrierte Wörter wie z. B. Gendarm und Boulette sind mittlerweile so in den allgemeinen Sprachgebrauch übergegangen, dass sie nicht einmal mehr im Fremdwörterlexikon zu finden sind.

In gewisser Weise ist es amüsant, wenn jemand mit gelifteten, fettabgesaugtem Körper ewige Jugend vorzutäuschen versucht oder die Gegenwartssprache auf den Zustand von 1965 fixieren möchte. Es hat auch eine gewisse Komik, wenn Eltern mit fast den gleichen Worten über die schreckliche Musik ihrer Kinder schimpfen, mit denen schon ihre Eltern sich in ihrer Jugend über den »Lärm« beklagt haben, den sie Musik nannten.

Überall da, wo Leben ist, geschieht Veränderung. Menschen, die gegen die Tatsache kämpfen, dass Veränderung nun mal stattfindet, stemmen sich letztlich gegen das Leben und geben eine ähnlich tragisch-komische Figur ab wie Don Quichotte, der einen aussichtslosen Kampf gegen die Flügel einer Windmühle führt.

Das Gegenteil von krampfhaftem Festhalten scheint mir das bewusste Erinnern zu sein. Ich markiere gerne, was in meinem Leben geschieht und merke mir die Ereignisse und Menschen, die mich geprägt haben. Ich hebe alte Terminkalender auf, um auch später noch zu wissen, was ich wann erlebt habe. Und ich mag ganz klassische Fotoalben, in denen ich auf dem Sofa sitzend blättern kann.

Aber mit jedem Erinnern besteht immer auch die Gefahr, zu erstarren: »Das war einmal« und gedanklich und emotional an dieser Stelle stehen zu bleiben. Besser ist es, Dinge als Schatz zu markieren: »Das war. Das war gut. Das hat mich geprägt und weitergebracht.« Und dann den nächsten Schritt im Leben weiter zu gehen. Sehr brillant hat das William Faulkner formuliert. Er schreibt über die Pilgerpsalmen, Lieder, die von Menschen gesungen wurden, die sich auf den Weg gemacht hatten, um Gott in besonderer Weise zu begegnen: »Diese Lieder sind keine Monumente, sondern Fußspuren. Monumente bringen zum Ausdruck: ›Bis hierher bin ich gekommen.‹ Eine Fußspur drückt aus: ›Hier stand ich, als ich mich erneut bewegt habe.‹«[17]

Ich finde es faszinierend, dass der Gott der Bibel verbietet, Monumente von sich machen zu lassen. Was für ein absurder Gedanke wäre es auch, denjenigen, der alles Leben schuf, in toten Stein meißeln zu können? Was für ein Gott, der darauf verzichtet, sich mit monumentalen Namen zu schmücken und sich statt dessen seinem Freund und späteren Anführer des Volkes Israel schlicht und ergreifend mit »Ich bin, der ich bin« vorstellt!

Er ist ein Gott, der unterwegs ist und in Bewegung sein will. Die Schreiber der Bibel haben offensichtlich etwas davon verstanden, dass es zwar gut ist, zu reflektieren und auf gute wie schlechte Ereignisse zurück zu blicken, aber dass Leben vor allem Unterwegs-Sein und Bewegung ist und dass Rückblick auf das, was war, nur den Sinn hat, die Wegstrecken zu markieren, die man schon gegangen ist, damit man die Kraft findet, weiterzugehen.

[17] Zitiert in: Eugene Peterson, A long obedience in the same direction, S.22.

Wenn ich auf die – je nach Perspektive kurze oder lange – Geschichte meines Lebens zurück blicke, erkenne ich: Die Wege, die ich gegangen bin, haben mir tiefere Schichten des Lebens gezeigt, sowohl in Bezug auf meinen Charakter und meine Persönlichkeit als auch über das Leben und die Welt.

Wenn ich die deutsche Sprache und den Duden reformieren könnte, würde ich Geschichte mit »h« schreiben: »Geh-Schichte«. Weil wir jeden Moment unseres Lebens unterwegs sind.

Fragen zum Weiterdenken

Welche Lebensphasen oder Ereignisse haben mich besonders stark geprägt? Was habe ich gelernt, das mir jetzt nützt?

....

....

....

Welche Zeit meines Lebens habe ich besonders intensiv und beglückend erlebt? Was habe ich dazu beigetragen, dass diese Zeit so wohltuend war? Was davon könnte ich auch jetzt wieder mehr tun?

....

....

....

Welche Menschen haben mich gestärkt? Wie könnte ich ihnen dafür danken?

....

....

....

Tipp

Gestalten Sie einen Erinnerungsort. Das kann eine Schachtel, ein Buch, ein Fotoalbum oder eine Ablage auf einer Kommode sein. Sammeln Sie dort Gegenstände und Bilder, die Sie an schöne Momente Ihres Lebens erinnern. Und suchen Sie Ihren Erinnerungsort auf, wann immer Sie neue Kraft tanken möchten.

Veränderung begrüßen

Gärten entstehen nicht durch das Herumsitzen im Schatten.
(Rudyard Kipling)

»Was ich bin, das war ich nicht und werde ich nicht sein. Zu jeder Stunde bin ich ein anderer, niemals bleibe ich stehen. Immerzu laufe ich vom Tag der Geburt zum Tag des Todes. An allen einzelnen Tagen meines Lebens ändere ich mich, und was geändert wird und wie es geändert wird, sehe ich nicht.

Niemals kann ich mein ganzes Leben in eins zusammensehen.

Was ich gestern war, bin ich heute nicht, so wie ich morgen nicht sein werde, was ich heute bin. Immerzu werde ich in den restlichen Lebensabschnitten beweglich und veränderlich sein.

Von Augenblick zu Augenblick, von Augenblick zu Stunde, von Stunden zu Tagen, mit allen ungewissen Altersphasen eile ich dem Tod entgegen.

Dann werde ich, was für mich hier unmöglich ist, das Sichere und Wahre sehen und alles zugleich in einem.« [18]

So formulierte Kolumban, ein irischer Mönch, den immerwährenden Prozess der Veränderung, der unser ständiger Begleiter ist. Gerade jetzt sterben in Ihrem Körper Zellen und neue bilden sich. Sie verbrennen gerade eben einige Kalorien; Sie atmen und denken und beim Lesen entstehen neue Verbindungen zwischen Regionen Ihres Gehirns.

[18] Paul-Werner Scheele: Altirische Gebete. Bechtermünzverlag, 1997.

Sie werden in einigen Minuten nicht mehr der gleiche Mensch sein, der Sie vor einer Viertelstunde waren. Noch nicht einmal im nächsten Moment.

Vor kurzem habe ich mein Aussehen verändert, indem ich mir eine neue Brille ausgesucht habe. Eine Freundin hat mich dabei beraten. Genauer gesagt, zwei Freundinnen. Leonie hat nach der ersten Runde, als wir die Auswahl bereits auf die zwei besten Sehhilfen reduziert hatten, schlappgemacht: »Nee, da kann ich dir jetzt wirklich nicht mehr sagen, welche besser aussieht!« Sie gab mir immerhin noch den guten Tipp, mir die Modelle nicht in der künstlichen Beleuchtung eines Einkaufshauses, sondern im Tageslicht anzusehen. Ich rief also Freundin Nr. 2 an, mit der ich ohnehin verabredet war und bat sie, mich bei der Auswahl zu unterstützen. Im Tageslicht hatte die schlichte, klassisch braune Brille keine Chance mehr. Also war ich dabei, Besitzerin einer lebendig-roten schicken Brille zu werden.

Der nette Verkäufer freute sich, dass ich nun, vier Stunden nach Betreten seines Ladens endlich meine Wahl getroffen hatte,[19] verabschiedete noch kurz zwei andere Kunden und wandte sich mir dann mit den Worten zu: »Jetzt komme ich zu ihnen und passe die Brille an!« Aber das tat er dann nicht, sondern lief statt dessen unruhig im Laden auf und ab. Er kramte hektisch in Schubladen und war nicht mehr ansprechbar. Ein ziemlich merkwürdiges Verhalten.

Nach einigen Minuten hatte er sich wieder gefangen und erklärte: »Mir ist gerade 'ne Markenbrille geklaut worden.« Meine Freundin reagierte relativ cool, so nach dem Motto: »So was passiert halt!« Ich hingegen zerfloss von Mitgefühl. Das hat sicher damit zu tun, dass ich als Selbständige besser als eine Angestellte nachfühlen kann, wie es ist, wenn in einer Minute, durch eine Unachtsamkeit oder Fehlentscheidung plötzlich der ganze Tagesverdienst verloren ist. Ich weiß, wie sich das anfühlt und fühle natürlich mit.

Dennoch war ich überrascht, wie intensiv ich mich dafür verantwortlich fühlte, den Verkäufer wieder aufzuheitern. Ich bot ihm an die Gangster zu verfolgen, suchte den Fußboden nach Brillenspuren ab, obwohl ich wusste, dass das aussichtslos war und versuchte ihn mit meinen Worten wieder aufzuheitern.

---

[19] Tipps für alle, die sich mit Entscheiden ähnlich schwer tun wie ich:
Marcus Splitt: Entscheiden. Impulse für die richtige Wahl; Down to Earth, 2007.

Ich tat alles, was mir einfiel, damit er sich wieder besser fühlt, und wunderte über mich selbst. Wieso fühle ich mich so extrem verantwortlich dafür, dass ein fremder Mensch, der zwar nett aber nicht mal übermäßig sympathisch war, sich wieder besser fühlt? Als ich darüber nachdachte, stellte ich fest, dass mir das oft passiert. Da fühlt irgend jemand sich mies und in mir kurbelt es sofort das Handlungsmuster an: »Du musst etwas tun, damit der sich jetzt wieder besser fühlt!« Warum eigentlich? Ich bin doch gar nicht für die Gefühle anderer verantwortlich.

Klar, wenn ich Mutter eines Säuglings wäre, der noch nicht für sich selbst sorgen kann, hätte ich die Verantwortung dafür, herauszufinden, warum er sich unwohl fühlt und etwas dagegen zu tun. Je nach Situation würde ich dann trösten, stillen, die Windel wechseln, einfach kuscheln oder durch Klopfen auf den Rücken beim Verdauen helfen. Kurz: Ein Baby signalisiert durch die unterschiedlichsten Tonlagen des Gebrülls schlechte Gefühle. Und Eltern reagieren. Das ist richtig und gut so. Aber je älter Kinder werden, umso mehr müssen sie lernen, für ihre Gefühle selbst Verantwortung zu übernehmen. Ob sie sich gut oder schlecht fühlen, ist ihre Sache, nicht mein Job. Eltern unterstützen sie lediglich im Umgang damit – wenn es gut geht.

Manchmal erwarten wir jedoch selbst noch als Erwachsene, dass andere dafür sorgen, dass wir uns besser fühlen. Oder wir fühlen uns dafür verantwortlich, dass andere sich besser fühlen sollen und realisieren nicht, dass sie erwachsene Menschen sind und wir nicht für ihre Gefühle verantwortlich sind.

Ich weiß noch nicht, warum ich selbst mich so sehr dafür verantwortlich fühle, dass andere ihre trübsinnigen Gefühle wieder los werden – schließlich sind es ihre Gefühle und wenn sie so denken und fühlen wollen, dann ist das ihre Sache. Ich weiß nicht, warum ich so intensiv und aktiv reagiere, wenn ich spüre, dass es jemandem nicht gut geht, gerade und besonders dann, wenn ich ohnehin nichts an der Situation verändern kann.

Ich weiß nicht, warum ich so reagiere. Aber ich weiß: Ich werde es herausfinden. Und ich will etwas daran ändern, denn es macht mich unfrei, weil ich mich zu bestimmten Reaktionen gezwungen fühle. Ich »muss« in solchen Situationen etwas tun, damit der andere sich besser fühlt. Das ist doof. Ich bin nicht frei. Ich will statt dessen frei reagieren können: Wahrnehmen, dass es jemandem nicht gut geht.

Aber dann auch frei entscheiden, was für diese Situation angemessen ist: tröstende Worte, praktische Hilfe oder einfach den anderen in Ruhe lassen, bis es ihm oder ihr von selbst wieder besser geht.

Es ist, glaube ich, ein Stück typisch für mich, dass ich, wenn ich in mir Verhaltensmuster wahrnehme, die irgend etwas Unfreies und Lebenseinschränkendes an sich haben, fast immer sofort aktiv dagegen vorgehe: »Nee, so will ich nicht sein.« Eine Freundin, die etliche Jahre jünger ist als ich, sagte mir einmal: »Immer wenn ich dich treffe, bist du gerade in irgendwelchen Prozessen, veränderst etwas an dir. Hört das mit dem Verändern denn nie auf? Ich dachte immer, das hört irgendwann mal auf.«

Ich habe gelacht. Sie hat schon recht. Manchmal übertreibe ich es auch. Will mehr auf einmal in mir verändern als ein normaler Mensch verkraften kann. Ich finde es auch außerordentlich spannend, mir selbst auf die Spur zu kommen. Aber ich habe ihr gesagt: »Ich will als freier Mensch leben. Und wenn ich Denk- und Verhaltensmuster in mir wahrnehme, die mich einschränken oder zu einem bestimmten Verhalten zwingen, dann sage ich ihnen den Kampf an. Radikal. Ich will mich verändern, das ist klar.«

17

Andere Menschen sind da weniger aktiv in der Arbeit an sich selbst. Sie lassen sich vom Leben und dem, was ihnen geschieht, verändern. Das ist unvermeidlich. Aber der Gedanke, selbst aktiv etwas an ihrer Persönlichkeit zu verändern, ist ihnen eher fremd.

Ich finde, dass man viel Gutes verpasst, wenn man nicht aktiv in den Prozess der Veränderung einsteigt. Natürlich werden wir alle ständig durch das, was in unserem Leben geschieht, passiv verändert. Keiner bleibt – wie der irische Mönch Kolumban es beschreibt – auch nur einen Moment lang derselbe. Wir werden verändert und wir verändern uns. Das ist unausweichlich.

Vieles kann und will ich nicht beeinflussen. Aber wenn ich meine inneren Prozesse nicht aktiv mitgestalte, dann bedeutet das letztlich, dass ich den Umständen, dem Schicksal oder anderen Menschen die Macht über das gebe, was in mir passiert, wächst, zum Leben kommt oder nicht. Das will ich nicht.

Ich will statt dessen wählen und im Rahmen meiner Möglichkeiten selbst prägen und gestalten, wie ich werden möchte. Das heißt nicht, dass ich mich selbst zum »Designerbaby« (Dafür bin ich auch zu alt!)

meiner Wunschvorstellungen mache oder dass ich dem Schöpfer die Fäden aus der Hand nehme und alles selbst gestalte.

Ich glaube ehrlich gesagt nicht, dass es Gott einen Zacken aus der Krone bricht, wenn ich mir aktiv überlege, in welche Richtung ich meine charakterliche Entwicklung gestalten will. Ich denke sogar, dass es ihn freut, dass ich die Gestaltungskraft, die er in mich hineingelegt hat, aktiv nutze.

Um etwas gestalten zu können, muss ich ein gewisses Bild davon haben, wie ich mich weiter entwickeln möchte. Welche Verhaltensmuster will ich abschwächen, welche möchte ich stärken? Ich habe ein unscharfes, ungenaues aber doch halbwegs erkennbares Bild davon, wie mein Leben aussehen könnte, wenn ich es gut lebe – mein Kerstin-Leben, mit den Talenten, Möglichkeiten und Einschränkungen, die es mir gibt.

Selbst wenn ich mein Leben und auch die Veränderungsprozesse aktiv und bewusst gestalte, wird das Leben dadurch nicht vorhersehbar. Es bleibt noch mehr als genug Unerwartetes, Unvorhergesehenes, Tragisches, Komisches, Wunderbares, Schreckliches übrig, das mein Leben prägen und mitgestalten wird – so wie selbst der beste Gärtner bei der Gartengestaltung nicht beeinflussen kann, was das Wetter, der Wind, die Sonne und der Regen anrichten werden.

Weise Männer und Frauen aller Zeiten haben das Innere eines Menschen mit einem Garten verglichen, den man gestalten kann. Ich liebe die Art, wie die Dichterfamilie *Asaph* innerlich starke Menschen beschreibt: »Glücklich sind die Menschen, in deren Herz gebahnte Wege sind! Sie gehen durch Lebensphasen voller Tränen und verwandeln sie zu Energiequellen. Sie gehen von Kraft zu Kraft.«[20] Das beschreibt das Leben, das ich leben möchte.

Ich wohne seit 13 Jahren in der gleichen Wohnung in Berlin. Gestern wurde erstmals der »Garten« vor und hinter unserem Haus gepflegt: wildes Gestrüpp und Unkraut wurde entfernt. Ein mannshoher Berg von Biomüll türmte sich auf. Nein, richtig schön war das, was da von selbst gewachsen war, vorher nicht.

Ich möchte nicht, dass mein Innerstes dem bisherigen Garten unseres Hauses gleicht. Ich will die Gartengestaltung meines Lebens nicht allein dem Zufall überlassen. So nach dem Motto »Mal sehen, was

[20] Die Bibel, Altes Testament, Psalm 84, 6-8 (frei übertragen).

reinfliegt und wächst!« Das, was bei so einem Prozess herauskommt, ist weder schön noch attraktiv.

Zu gegebener Zeit ist es richtig, im eigenen Inneren Unkraut zu jäten und negative Haltungen, Denk- und Handlungsmuster radikal zu bekämpfen – bis an die Wurzel zu gehen und sie mit Stumpf und Stil herauszureißen. Manchmal ist es an der Zeit, gute Verhaltensmuster zu »düngen und begießen«, damit sie weiter wachsen und gedeihen. Und zu anderen Zeiten ist es einfach nur dran, alle Werkzeuge auf die Seite zu legen, sich auf eine Gartenbank im Schatten eines Baumes, den man vor vielen Jahren gepflanzt hat, zu setzen, Kirschen zu essen, die Kerne so weit zu spucken wie man kann, und gelassen und froh das zu genießen, was im eigenen Leben gewachsen ist.

Fragen zum Weiterdenken

Welche meiner Denk- und Verhaltensmuster schränken mein Leben ein? Was möchte ich statt dessen denken und tun? 17

....

....

....

Welche guten Verhaltensweisen will ich fördern und stärken?

....

....

....

Was will ich in meinem »Inneren Garten« als nächstes gestalten?

....

....

....

5

Bewegen

Zu unserer Natur gehört die Bewegung;
die vollkommene Ruhe ist der Tod.
(Seneca)

Alles Lebendige ist in Bewegung. Menschen, Tiere, Pflanzen. Dort, wo sich nichts mehr bewegt, ist auch kein Leben mehr. Wenn ein Mensch gestorben ist, kann man seinen Körper noch eine Weile passiv bewegen, aber schon nach wenigen Stunden tritt die Totenstarre ein. Wenn man die leblose Hülle berührt, spürt man schmerzlich: Dieser Mensch ist nicht mehr lebendig. Er bewegt sich nicht mehr und er lässt sich auch nicht mehr bewegen. 18

Das ganze Leben ist eine Symphonie der Bewegung. Draußen vor meinem Bürofenster fliegen Vögel und eine Biene saugt gerade an den Lavendelblüten, die Bäume wiegen sich im Sommerwind und es dringen auch die Geräusche menschlicher Fortbewegung an mein Ohr: Ich höre Autos, Busse, Flugzeuge – selbst die Geräusche dieser Fortbewegungsmittel bringen zum Ausdruck: Hier ist Bewegung. Hier ist Leben. Hier machen sich Menschen auf den Weg, um etwas zu tun oder jemandem zu begegnen.

Auch in uns bewegt sich alles. Selbst im Ruhezustand ist unser Körper in Bewegung. Unser Atem geht, unsere Verdauung arbeitet, unser Herz schlägt. Wenn man die Klänge der verschiedenen Bewegungen hören könnte, wäre dort, wo Sie gerade sind, eine Symphonie des

Lebens zu hören: Ihr Herz pocht, Ihr Atem geht, Ihr Magen knurrt vielleicht, Ihre Haare reiben sich sanft, das Papier raschelt, wenn Sie die Seiten dieses Buches umblättern. Wäre nichts mehr zu hören, wären Sie tot. Menschen, die einen Herzstillstand erlebt haben, erzählen davon, wie schrecklich es ist, die Stille zu spüren, die da ist, wenn das Herz nicht mehr schlägt.

Aber davon sind Sie ja glücklicherweise meilenweit entfernt. In Ihrem Körper bewegen sich unendlich viele Zellen. Millionen von kleinen Kraftwerken sind aktiv, um Ihr Leben zu erhalten und zu stärken. Wenn Sie achtsam hinhören, können Sie einige der Klänge der Symphonie des Lebens hören. Unzählige Zellen sind in Bewegung und machen dabei Geräusche, um Sie am Leben zu erhalten. Es ist wunderschön.

In der Schöpfungsgeschichte wird beschrieben, wie am fünften Schöpfungstag die Vögel und Fische geschaffen werden und die Erde plötzlich mit Bewegung erfüllt ist. Alles bewegt sich, flattert, springt und planscht. Es wimmelt von Leben. Die Tiere sind in Bewegung und entdecken ihren Lebensraum. Wo immer Leben ist, ist Bewegung.

In kargen Gegenden ist es für das Überleben notwendig, Bewegung zu erkennen: Ein Baum oder ein Tier, das sich in der Wüste bewegt, zeigt: Hier ist Bewegung, Nahrung und Leben.

Kinder sterben emotional ab, wenn Eltern sie nicht emotional bewegt ansehen, sondern sie keines (bewegten) Blickes würdigen oder ihr Gesicht Starre und Kälte zum Ausdruck bringt.

Wir sind von Anfang unseres Lebens an darauf gepolt, Bewegung wahrzunehmen. Mit unseren Augen folgen wir jeder Bewegung, weil wir wissen, dass dort wo Bewegung ist, auch Leben ist. Die Werbung nutzt das schamlos aus und überschüttet uns mit bewegten Bildern, die Leben vortäuschen, weil sie weiß, dass sie so unsere Aufmerksamkeit bekommt. Bewegung drückt Leben aus – und das zieht uns an.

Die Bewegung und der Wechsel erhalten das Leben. Die Erde dreht sich ständig. Würde sie es nicht tun, würden wir verbrennen oder erfrieren. Auch das Universum ist in ständiger Bewegung: Die Explosionen auf der Sonne versorgen uns mit Wärme und Energie. Ganze Galaxien implodieren und explodieren. Gestirne breiten sich aus. Ohne Bewegung gäbe es kein Leben. Unsere Welt ist voller Bewegung.

Nur wir selbst sind es häufig nicht. Obwohl alles um uns herum und selbst in unserem Körper in Bewegung ist, passiert es uns immer wieder, dass wir physisch, mental oder emotional stecken bleiben und erstarren. Manchmal aus Trägheit, manchmal als Reaktion auf negative Erfahrungen. Glücklicherweise kann man nicht nur verspannte Knochen und Muskeln mobilisieren und neu in Bewegung bringen, sondern auch erstarrte Denk- und Verhaltensmuster lockern und wieder neu zur Bewegung und zum Leben befreien.

Offenherzig

Bunt ist meine Lieblingsfarbe.
(Walter Gropius)

Wenn unser Leben beginnt, sind wir offen für alles. Kinder betasten, befühlen und bestaunen zu Beginn ihres Lebens jeden Gegenstand,
dem sie begegnen. Mit weit aufgerissenen Augen sehen sie die Welt an. 19
Aber sie betrachten Dinge nicht nur mit den Augen. Sie bewegen sie: Alles in ihrer Reichweite wird in die Hände genommen und in den offenen Mund gesteckt, um es im wahrsten Sinne des Wortes zu begreifen.

Sie bewegen sich auch auf andere Menschen mit Offenheit zu. Sie lächeln erst einmal jeden an, der ihnen begegnet. Dabei ist es zumindest in den ersten Lebensmonaten egal, ob es sich bei den »Augen«, die sie sehen, um Muttis Augen handelt oder um die großen Kreise des Duschvorhangs, die in der Gunst sogar noch höher stehen können.

Kinder bewegen sich auf alles Neue zu und entdecken in einem zerbrochenen Plastiklöffel einen Gegenstand, den sie bestaunen und bewundern können – und natürlich auch in Muttis Laptop, Papas Krawatte oder den Schulheften der Geschwister. Sie schaffen sich aus allem eine neue Welt, voller Zauber und Wunder und sind offen für das, was das Leben ihnen gibt.

Im Lauf des Lebens kommt es jedoch häufig dazu, dass Menschen innerlich erstarren und das Staunen fast verlernen, weil sie sich von den Verpflichtungen des Lebens so vereinnahmen lassen, dass der Raum fürs Staunen fast verloren geht. Manche Menschen finden, wenn überhaupt, nur noch im Urlaub Zeit und Muße, etwas in Ruhe zu betrachten und zu bestaunen, sich auf etwas Neues einzulassen und etwas auf sich wirken zu lassen.

Die Fähigkeit zu staunen, von etwas begeistert oder überrascht zu sein, kann man nicht erlernen. Entweder eine Sache begeistert einen oder sie tut es nicht. Das ist eine Reaktion, die nicht erlernbar ist. Was man aber sehr wohl einüben kann, ist überhaupt Raum dafür zu schaffen, dass man staunen und genießen kann.

Derek, einer meine Freunde, hat es gelernt, sich Zeit und Raum zu nehmen, etwas auf sich wirken zu lassen. Er kann sich so intensiv in Dinge versenken, dass er darüber alles vergisst. Termine, Abflugzeiten, Menschen um ihn her – was Freunde, die mit ihm unterwegs sind, gelegentlich ziemlich stressen kann. Sie sind nicht sonderlich begeistert davon, wenn sie Termine verpassen, weil er am Straßenrand ein Gänseblümchen bewundern oder einen Milchkaffee genießen wollte. Es kostet ihn gelegentlich etwas, so zu leben. Aber er gehört zu den glücklichsten Menschen, die ich kenne. Seine Augen leuchten immer, wenn er davon erzählt, was er kürzlich entdeckt hat – und weil er fast ständig etwas entdeckt, das ihn begeistert, ist er ein Mensch, der so viel Leben und Lebendigkeit ausstrahlt wie nur wenige andere Menschen, die ich kenne. Darüber hinaus ist er in der Lage, das Einzigartige und Besondere an einem Menschen zu sehen und anzusprechen, wie niemand sonst, den ich kenne. Wenn ich eine Weile mit ihm und seiner Frau zusammen war, fühle ich mich selbst viel lebendiger. Sie haben mich angesteckt mit ihrem Staunen über das Leben und ihrer Wertschätzung für Dinge und Menschen. Im Lauf der Jahre habe ich es gelernt, diese Haltung selbst stärker zu kultivieren, auch wenn ich in der Kategorie »Mich innerlich bewegen lassen« noch weit von einem Eintrag im *Guiness Buch der Rekorde* entfernt bin.

Ich muss es mir gelegentlich noch bewusst vornehmen, mit einer Haltung des Staunens und der Offenheit durchs Leben zu gehen. Ich nehme mir dann vor, mich selbst, andere Menschen und Dinge so zu betrachten, als hätte ich sie noch nie gesehen. Das Leben ist bunt, voll faszinierender Formen und Farben. Da tut es gut, länger hinzusehen und zu staunen.

Hinsehen ist mehr, als etwas mit den Augen betrachten. Es bedeutet auch, sich auf das Leben und das, was uns begegnet, einzulassen.

In der westlichen Welt sind wir darauf getrimmt, zu denken, zu analysieren, zu bewerten – Wahrnehmung von Gefühlen steht in den meisten Schulen nicht auf dem Lehrplan. Selbst da, wo Menschen geholfen werden soll, das Leben besser zu meistern, steht oft die kognitive, verstandesmäßige Arbeit im Vordergrund.

Vor kurzem nahm ich als Gast an einem Wochenendseminar einer Organisation teil, die Menschen durch Seminare dabei hilft, mit ihrem Leben besser klar zu kommen. Was mich erstaunt hat, war: Die Leute dort konnten mir alle sagen, woher sie ihre emotionalen Blockaden, Ängste und Schwierigkeiten hatten. Sie wussten viel, auch über sich. Aber als es darum ging, sich gemeinsam spielerisch auf Neues einzulassen, erlebte ich wenig Offenheit. Ich fand das schade. Ich hätte gerne mehr mit den anderen gespielt, Dinge ausprobiert und die unbekannten Menschen auf diese Art und Weise so etwas besser kennen lernen wollen.

Depressive Menschen tun das sehr viel. Sie denken dauernd über das Leben nach. Über alles was passiert ist, alles was passieren könnte, alles was möglicherweise vielleicht außerdem noch passieren könnte, warum dieser oder jener so gehandelt hat. Und abgesehen davon, dass man die meisten dieser Fragen durch Grübeln ohnehin nicht beantworten kann – was passieren wird, wird man erst dann wirklich wissen, wenn es passiert ist – verpassen sie das Leben.

Jeder von uns hat Bereiche in seinem oder ihrem Leben, in denen es leichter fällt, über das Leben nachzudenken als sich auf das Leben einzulassen. Neues macht uns häufig auch erst einmal Angst. Deshalb tut es gut, sich selbst zu motivieren oder sanft zu zwingen, sich auf Neues einzulassen.

Zu meinem letzten Geburtstag habe ich mir von meinen Freunden weder Wein noch Bücher, sondern Erlebnisse mit ihnen gewünscht. Eine Freundin schenkte mir einen Gutschein für einen Bollywood-Tanzkurs, um die Tanzbewegungen zu lernen, die in indischen Pop-Filmen gerade hoch im Kurs stehen. Sie weiß, dass ich gerne Neues ausprobiere. Dennoch beängstigt mich die Vorstellung ein wenig, meinen Körper in alle möglichen Richtungen zu verbiegen und zu verrenken und wahrscheinlich dennoch nicht so grazil wie eine indische Filmdiva auszusehen, sondern eher wie ein indischer Elefant. Das weckt in mir nicht nur Freude, sondern auch eine ganze Portion Unsicherheit.

Die Angst ist da, aber ich habe mich einmal entschieden und entscheide mich immer wieder neu, dass ich das Leben erleben will, statt nur über das Leben nachzudenken.

Ich weiß, dass gerade Neues, Unbekanntes zu erleben, meinen Lebensspeicher mit Energie auffüllt – so wie die Momente im Urlaub, von denen man noch monatelang zehrt. Wer nichts erlebt, was ihn bewegt und berührt, hat auch keine schönen Erinnerungen und gespeicherten Glücksgefühle, von denen er in erlebnisärmeren Zeiten zehren kann.

Jeder hat seine eigene Art, offen auf das Leben zuzugehen. Ich setze dies um, indem ich mir, meist freitags, Zeit nehme, etwas Neues zu sehen oder zu entdecken – ein bisschen Urlaubsgefühl mitten im Alltag. Oder indem ich gemeinsam mit Freundinnen und Freunden etwas ausprobiere, was ich noch nie ausprobiert habe. Das sind dann meistens Unternehmungen, irgendwo in der großen, schönen, interessanten Stadt, in der ich lebe. Oder im herrlichen Berliner Umland.

Ich muss mir das manchmal bewusst vornehmen: Mal nicht im Volltempo mit dem Rad durch Berlin zu fahren, um schnell irgendwo anzukommen, sondern statt dessen bewusst eine neue, unvertraute Strecke zu wählen. Vielleicht sogar unterwegs anzuhalten und einzelne Dinge eingehender zu betrachten, zu speichern, etwas Neues kennen zu lernen.

Wenn ich irgendwo unterwegs bin, versuche ich das, was mir begegnet, mit offenen Augen zu sehen, Menschen zu betrachten: Das können die Studentinnen sein, die versuchen, sich an einem Berlin Stadtplan zu orientieren. Oder die neuen Kanaldeckel, die die Stadtverwaltung angebracht hat und auf denen alle Sehenswürdigkeiten der Stadt zu sehen sind. Es kann die verblichene Werbeinschrift an einer Hauswand sein, die wohl schon seit 80 Jahren auf den »Tattersaal« hinweist oder ein interessant gestaltetes modernes Werbeplakat. Manchmal faszinieren mich auch Details wie zum Beispiel die Art, wie die Lehne des Bistro-Stuhles umwickelt ist. Es gibt unendlich viel zu entdecken, wenn man mit offenen Augen durchs Leben geht.

Auch während meiner Arbeitszeit und meines Alltags versuche ich offen für Neues zu sein und probiere es immer wieder aus, Dinge anders und neu zu gestalten. Oder mich einfach mal anders zu bewegen, zum Beispiel als Rechtshänderin das Müsli mit der linken Hand zu essen.

Es kann auch ganz spannend sein, alltägliche Tätigkeiten wie Zähneputzen, Anziehen oder durch den Flur Laufen mit verschlossenen Augen zu tun. Mal anders zu laufen als ich es sonst tue. Bei mir heißt das: Bewusst langsam, bewusst weich, mehr nach oben als nach unten laufen.

Ich kann auch geistig beweglich bleiben, indem ich vertraute Texte, zum Beispiel aus der Bibel, in einer neuen Übersetzung lese oder mich mal mit einem Thema beschäftige, das mir sonst eher fremd ist. Oder ganz praktisch: Mal einen neuen Joghurt aus dem Kühlregal ausprobieren, ein anderes Rezept kochen, einen neuen Weg zur Arbeit wählen; kurz: Routine durchbrechen und sich auf Neues einlassen.

Menschen, die so leben und sich die Haltung des Lernens und Entdeckens bewahren, bleiben nicht nur jung und geistig beweglich, sondern haben schlicht und ergreifend mehr Freude am Leben – weil alles, was man neu entdeckt und erlebt, alles echte Begreifen und Lernen (nicht unbedingt stures Pauken) Glücksgefühle auslöst. Und von Glücksgefühlen kann man eigentlich nie genug haben.

Fragen zum Weiterdenken

Welche Verhaltensweisen, die ich im Urlaub praktiziere (z. B. Staunen, mir Zeit lassen, etwas betrachten, den Partner beschenken) möchte ich im Alltag mehr praktizieren? Wie will ich das tun?

Wie will ich mich vom Nachdenken über das Leben lösen und mich mehr auf das Leben selbst einlassen?

Was will ich neu ausprobieren? Mit wem könnte ich gemeinsame Erlebnisse gestalten?

....

....

....

Tipp

Machen Sie sich eine Liste mit den Dingen, die Sie schon immer mal ausprobieren wollten. Schreiben Sie den geschätzten Zeitbedarf dahinter. Und dann überlegen Sie, wann und mit wem Sie sich auf die Entdeckungsreise begeben möchten.

Ein lernender Mensch sein

Es ist keine Schande, nichts zu wissen,
wohl aber, nichts lernen zu wollen.
(Sokrates)

Menschen, die geistig in Bewegung und lebendig sind, begreifen das Leben als Angebot von unendlich vielen Möglichkeiten, etwas zu lernen und sich neue Erfahrungen und Kenntnisse aneignen zu können. Etwas entdecken, etwas auf uns wirken zu lassen. Nichts anderes tun, nur die eine Sache wahrnehmen, studieren. Etwas Neues lernen.

Kinder machen uns das vor. Sie lernen ständig mit Begeisterung. Kinder können das noch. Sie drücken hundertmal auf einen Knopf und sind fasziniert von dem, was dieser Knopfdruck bewirkt. Oder sie bestaunen eine CD-Hülle, als hätten sie gerade das siebte Weltwunder entdeckt und stellen fasziniert fest, dass man das Ding zerlegen, auseinandernehmen, zerreißen und sogar zerbrechen kann. Wow! Kinder staunen. Das hält sie lebendig.

Kürzlich brachte ich der fünfjährigen Tamara, die bei mir zu Besuch war, bei, wie man eine Briefmarke auf einen Brief klebt. Es war ganz schön schwer für sie, die Marke mit ihren kleinen Fingern von dem Gebinde, wie das im offiziellen Post-Deutsch heißt, abzulösen. Ihre kleinen Finger kämpften mit der klebrigen Umrandung. Als sie die Marke endlich in den Händen hielt, erklärte ich ihr noch, dass man die Marke normalerweise gerade aufklebt und darauf achtet, dass das Motiv nicht auf dem Kopf steht. Wenn man noch nicht lesen kann, ist es richtig mühsam, so etwas zu lernen. Aber man belohnt sich selbst – und die Lehrerin – mit einem strahlenden Lächeln: »Schau mal, was ich geschafft habe.«

Noch schwerer, als neue Handgriffe zu lernen, ist der Prozess des Entscheidens. Voller Enttäuschung stellte Tamara fest, dass es in meinem Haushalt ihr bevorzugtes Frühstück nicht gab. Die Entscheidung, was sie statt ihrer Lieblingscerealien essen wollte, fiel ihr extrem schwer. Ihr kleiner Finger an der Nase signalisierte: Ich muss intensiv überlegen. Puh! Das war hart. Und auch für mich war es gar nicht so einfach, sie in dem schwierigen, fünf Minuten (!) dauernden Entscheidungsprozess zu unterstützen, ihr jedoch die Entscheidung nicht abzunehmen. Am Ende gewann Brot mit Schokoladensaufstrich den Wettbewerb um ihre Gunst – noch vor Müsli und Cornflakes. Es war hart für sie, sich auf eine neue, ungewohnte Situation einzustellen, aber sie meisterte es – weil sie bereit war, zu lernen.

In Bewegung zu bleiben und Neues zu lernen, erfordert Mut und Demut. Mut, Neues auszuprobieren. Die innere Haltung der Demut gibt gelassen zu: Ich weiß nicht alles. Da gibt es vieles, was ich nicht weiß, aber was ich lernen möchte. Ich erlebe das manchmal bei älteren Menschen, die interessiert am Leben und am Lernen geblieben sind, die nicht nur von sich und ihren Wehwehchen erzählen, sondern begeistert zuhören und aus ganzem Herzen sagen: »Erzähle mir mehr davon. Das klingt sehr interessant!«

Ein lernender Mensch zu sein, heißt nicht, dass man ständig Vokabeln, chemische Formeln oder Algorithmen pauken muss. Es heißt vielmehr, dass man das, was einem im Leben begegnet, als Gelegenheit ergreift, das eigene Wissen und den Erfahrungshorizont zu erweitern und dass man selbst bewusst Möglichkeiten des Lernens schafft.

Häufig gehen wir jedoch mit der selben gelangweilt-passiven Haltung durchs Leben, die eine Touristengruppe an den Tag legt, die sich anhören muss, dass die größte und vermutlich bekannteste Pyramide die des Pharao Cheops ist, der etwa von 2620-2580 regierte; oder, wie andere Forscher meinen, von 2604-2581 v. Chr. Die Cheops-Pyramide war ursprünglich 146,6m hoch, heute ist sie nur noch 138,75m, ihre Seitenlänge betrug früher 230,33m, heute nur noch ca. 225m. Sie hat einen Neigungswinkel von 51°50‘ usw.

Sie gähnen, denken an das warme Büffet, das im Hotel auf sie wartet, und lassen die Ausführungen des Reiseführers über sich ergehen. Drei Minuten später haben sie schon wieder vergessen, was sie gesehen und gehört haben. Dabei gibt es überall Spannendes und Interessantes zu entdecken, wenn wir es nur auf uns wirken lassen und einen Bezug zu bereits vorhandenem Wissen oder unserem eigenen Leben herstellen.

Fast alles ist faszinierend, wenn man es näher betrachtet: der innere Aufbau einer Glühbirne, die Struktur eines Papierbogens, die Architektur eines Hauses, die Rostspuren, welche die Dachrinne an der Hauswand hinterlassen hat. Überall in unserer Umwelt sind Wunder zu entdecken. Vielleicht ist der Neigungswinkel von 51°50‘ Grad tatsächlich nur für Mathematiker faszinierend – oder nur dann interessant, wenn man weiß, wie stark die Neigung bei einem durchschnittlichen Hügel ist. Aber die Vorstellung, dass drei Millionen Steinblöcke mit einem durchschnittlichen Gewicht von je 2,5 Tonnen angeschleppt werden mussten, kann auch für andere beeindruckend sein.

Wenn ich mir vorstelle, was das für mich bedeuten würde, wird die ganze Sache schon interessanter. Ich kann vielleicht, wenn ich mich sehr anstrenge, 50 Kilo kurzfristig heben, einen 100 Kilo schweren Menschen vielleicht eine Sekunde lang. Das heißt, ein solcher Steinblock wiegt 50 Mal so viel, wie ich alleine schleppen kann. Das ist viel. Das kann ich mir vorstellen. Und merken. Heureka! Ich habe wieder etwas gelernt.

Abstrakte Information, die uns nichts sagt, können wir nur schwer aufnehmen und behalten. Informationen hingegen, die wir gedanklich mit vorhandenem Wissen oder Erfahrungen aus unserem eigenen Leben verbinden, können wir besser verankern und behalten. Wenn man sich überlegt: Was weiß ich dazu bereits? Oder sich vorstellt, wie es wäre, wäre man selbst dabei gewesen, verbindet sich neues Wissen mit altem und wird so lebendig und bleibt erhalten. Dadurch, dass ich mir vorgestellt habe, wie viel ich tragen kann und wie viel Mal schwerer ein Pyramidensteinblock ist, ist es haften geblieben. 50 Mal mehr als ich tragen kann. Das ist ganz schön viel. Puh!

Noch intensiver bleibt etwas hängen, wenn man es nicht nur kognitiv, also vom Verstand her, erfasst, sondern es sich in Bildern ausmalt. Man könnte sich z. B. vorstellen, man wäre selbst dabei gewesen und hätte Steinblöcke geschoben und gezerrt. Man lernt tiefer und Dinge bleiben länger in Erinnerung, wenn man Lerninhalte im wahrsten Sinne des Wortes begreift.

»Probieren geht über studieren!« Jedes Rezept, das man einmal selbst gekocht hat, bleibt besser haften, als alle anderen, die man nur gelesen hat. So zu lernen, macht zweifelsohne mehr Spaß. Als Abiturientin musste ich das Beutefangverhalten der Frösche fürs mündliche Abitur lernen. Ich konnte mir nie merken, was zuerst kam: Reiz, Reaktion und wie das mit dem Übersprungverhalten war. Irgendwann einmal habe ich mich auf den Boden gehockt und mir vorgestellt, ich bin Fröschin. Plötzlich wurde der Ablauf klar und ist in Grundelementen bis heute in meinem Gedächtnis hängen geblieben, was ich von anderer Materie, die ich fürs Abitur gepaukt habe, nicht behaupten kann.

Probieren geht über studieren. Alles, was man einmal getan hat, 20
merkt man sich besser.

Fragen zum Weiterdenken

Was möchte ich gerne lernen? Wie will ich das angehen?

....

....

....

Womit könnte ich »trockene« Lerninhalte verbinden, um sie für mich interessanter und schmackhafter zu machen?

....

....

....

Was will ich gerne ausprobieren?

....

....

....

Offen für Neues

Und plötzlich weißt du, es ist Zeit etwas Neues zu beginnen und dem Zauber des Anfangs zu vertrauen.
(Meister Eckhart)

Kürzlich musste ich eine ganze Reihe von Zahnbehandlungen über mich ergehen lassen. Zehn Wochen lang ging ich jede Woche zum Zahnarzt, um die eine oder andere Füllung erneuern oder kariöse Stelle reparieren zu lassen. Eigentlich lauter Kleinkram, aber ich habe einen sehr engen Kiefer und meine Kiefergelenke sind schon im Normalzustand häufig an der Belastungsgrenze. Und wenn ich den Mund dann 30 oder 60 Minuten lang offen halten muss, ist das schlichtweg eine Tortur. Mein Kiefer hat das zehn Wochen lang – unterstützt durch einen guten Zahnarzt und sanfte Massagen – mitgemacht.

Schließlich, nach der zehnten und längsten Behandlung ist er in den Streik getreten. Er hat einfach blockiert. Er bewegte sich einfach nicht mehr. Das Ergebnis: Ich konnte meinen Mund nicht mehr öffnen. Das Gelenk war komplett hart, verspannt, erstarrt. Mein Kiefer hat mir deutlich signalisiert: »So was lasse ich mir nicht mehr antun. Ich mache dicht.«

Im Grunde genommen, war das eine kluge Abwehrstrategie. Mein Körper wollte keinen Schmerz mehr empfinden und hat deshalb »dicht« gemacht: »Hier kommt kein Zahnarzt mehr rein!« Das Dumme daran war nur: Ich konnte den Mund auch nicht mehr zum Essen aufmachen. Der Kiefer ging nur noch fingerbreit auf, nicht einmal eine Banane passte mehr hinein. Das war ein äußerst unerwünschter

Nebeneffekt. Mein Körper wollte Schmerz aussperren, hat aber gleichzeitig auch verhindert, dass ich Nahrung und damit Leben aufnehmen konnte.

Innerlich passiert mit uns häufig das gleiche. Wir erleben Situationen, die wir als schmerzhaft und unangenehm empfinden. Da behandelt uns jemand fies. Oder wir blamieren uns. Möglicherweise öffnen wir uns für einen Menschen und eine Beziehung und werden enttäuscht. Unsere Seele sagt ganz folgerichtig: »Das will ich nicht noch einmal erleben. Nicht mit mir. Nicht noch mal. Ich mache dicht.«

Das Ergebnis dieser Haltung ist: Wir lassen bestimmte Dinge nicht mehr an uns heran, öffnen uns nicht mehr und glauben, so geschützt vor weiterem Schmerz zu sein und sind es in gewisser Weise auch. Unglücklicherweise sperren wir, wenn wir innerlich »dicht« machen, auch das Leben aus.

Wir verschließen uns gegenüber dem, was auf uns zukommen könnte und sind nicht mehr in der Lage, auf neue, andere Erlebnisse gelassen zuzugehen. Wir können nichts mehr aufnehmen, auch Schönes, Begeisterndes und Lebensfreude nicht mehr an uns heranlassen. Innerlich werden wir kalt und erstarren. Dieser Zustand fühlt sich zwar relativ sicher an, aber auch einsam, kalt und auf eine betäubende Art und Weise schmerzhaft.

Als ich realisierte, was mit meinem Kiefer geschehen war, hatte ich die Wahl: Ich hätte mich mit dem abfinden können, was war: So ist es halt. Der will sich nicht mehr öffnen. Damit muss ich nun leben.

Natürlich habe ich das nicht getan. Es erschien mir nicht als sonderlich attraktiv mich bis an mein Lebensende von Suppe und Flüssignahrung zu ernähren. Also habe ich mich entschieden, meinen Kiefer wieder zu öffnen. Nur, so einfach ging das nicht. Obwohl ich fest entschlossen war, musste ich eine Menge Widerstand überwinden. Über Wochen hinweg habe ich das schmerzhafte Kiefergelenk massiert und gedehnt, habe Kieferkreisen geübt und so getan, als würde ich ein Croissant essen und glücklich »hmmmmmmm« sagen, weil das den Kiefer lockert. Millimeter für Millimeter habe ich den Mund weiter geöffnet– bis ich nach einigen Wochen wieder so kraftvoll zubeißen konnte, dass ich Werbung für Zahnpasta hätte machen können.

Das Leben zu wagen, bedeutet, sich auf immer wieder neue, spannende und einzigartige Erfahrungen einzulassen. Aber es bedeutet auch, neue Erfahrungen in Bereichen zu machen, die man bisher nur als schmerzhaft erlebt hat. Es schließt den Prozess mit ein, Angst zu überwinden und eine Sache oder Begegnung neu zu wagen.

Vor einigen Jahren hatte ich einen Unfall, bei dem mein Auto zwischen zwei Laster geriet. Sie waren stärker als mein Auto. Totalschaden. Wie durch ein Wunder blieb ich unverletzt. Mein Körper zitterte, nicht nur weil es ein kalter Abend war. In mir klapperte auch die Angst. Mir war klar: Ich muss so schnell wie möglich wieder Auto fahren, damit die Angst keine Möglichkeit hat, sich breit zu machen und mir das Autofahren für immer zu verderben.

Also habe ich mir ein anderes Auto ausgeliehen und bin gleich am nächsten Morgen eine längere Strecke gefahren. Es war eine gute Entscheidung, die Angst zu überwinden und mir von ihr nicht das Leben einschränken zu lassen. Angst lähmt uns, schränkt uns ein und verhindert Leben. Also kann man auch auf sie verzichten.

Häufig realisiert man jedoch nicht so schnell, dass einen die Angst gepackt hat, wie ich es nach dem Unfall getan habe. Meistens schleicht sich die Angst unbemerkt in unser Leben ein. Wenn Menschen beängstigende Situationen, Enttäuschung oder Verlust erlitten haben, treffen sie bewusst oder unbewusst die Entscheidung: Nie wieder lasse ich mich auf so etwas ein. Und weil sie sich nicht mehr auf ähnliche Situationen einlassen, realisieren sie gar nicht, wie tief die Angst in ihnen sitzt.

Wer in einer Beziehung einmal enttäuscht wurde und allen potentiellen neuen Bewerbern signalisiert: »Ich lass dich nicht an mich ran«, realisiert vielleicht nie, wie tief die Verletzung eigentlich sitzt. Manche Wunden spürt man erst dann, wenn sie neu berührt werden.

Das Ergebnis von derartigem Vermeidungsverhalten ist, dass Menschen innerlich absterben und erstarren. Sie können sich mit anderen kaum mehr mitfreuen und empfinden auch im eigenen Leben nur noch selten echte Lebensfreude. Man hört von ihnen Sätze wie: »Ich weiß schon, wie das ausgeht!« Von Menschen, die sich einmal eine Meinung gebildet haben und nun keine neuen Perspektiven zulassen. Oder: »Ich weiß schon, was der sagen wird!« Von Menschen, die gar nicht mehr zuhören, weil sie glauben, schon alles zu wissen. Oder Menschen lassen sich auf nichts Neues mehr ein, weil sie ja schon wissen, dass es nicht gut gehen kann.

Igel, Seeigel, Schnecken und andere Tiere verschließen sich, wenn Gefahr droht. Sie verschließen sich, um ihr Leben zu schützen, wenn sie es bedroht sehen. Aber häufig schätzen sie dabei die Lage auch falsch ein. Ich habe mich bei einem Spaziergang an einem herrlich sonnigen Herbstmorgen einmal zu einer süßen kleinen Schnecke hinuntergebeugt, um sie aus der Nähe zu betrachten. Als mein Schatten sie traf, zog sie sich erschrocken in ihr Schneckenhaus zurück. Statt mir zu erlauben, sie zu betrachten und mich an ihr zu freuen, verweigerte sie die Begegnung.

Wir Menschen reagieren häufig genauso wie die kleine Schnecke. Verschlossenheit ist ein gesunder Schutzmechanismus, der verhindert, dass wir gegenüber Menschen, die uns nicht schützen und achten würden, etwas Wertvolles und Schützenswertes preisgeben. Dummerweise reagieren wir, auf Grund negativer Erfahrungen mit anderen Menschen, häufig schon vorbeugend mit Schutzmechanismen – auch in Situationen, in denen uns überhaupt keine Gefahr droht. Und selbst dann, wenn ein anderer Mensch uns vielleicht bereichern und beschenken möchte.

Es hat eine gewisse Ironie. Gerade die Schutzmechanismen, die Tod verhindern sollen, verhindern nun, dass Leben und Begegnung stattfinden – und sorgen dafür, dass wir innerlich absterben. Ein Freund von mir hat dieses Verhalten als *Prä-Agieren* bezeichnet: Statt abzuwarten, was tatsächlich geschieht und erst dann angemessen zu reagieren, glaubt man (stolz), bereits zu wissen, was geschehen wird, und man *prä-agiert* entsprechend.

Zu erkennen, wo wir (fast) automatisch und unangemessen mit Abwehr, Verschlossenheit und Schutzmechanismen reagieren, obwohl es gar nicht nötig ist, ist ein erster Schritt, um sich neu dem Leben zu öffnen und es in seiner Fülle zu erleben. Wie kann man bei sich selbst wahrnehmen, ob man innerlich lebendig oder in manchen Bereichen schon abgestorben ist? Das ist im Grunde ganz einfach: Man muss nur darauf achten, wo man innerlich steif und unlebendig ist.

Ich habe einen Weinstock auf meinem Balkon. Der letzte Winter war sehr kalt und Teile des Weinstocks sind erfroren. Ich wollte die toten Äste abbrechen, aber das knorrige Holz der lebendigen sah genauso aus wie das abgestorbene Astwerk. Ich überlegte, wie ich den Unterschied erkennen könnte.

Plötzlich wurde mir klar: Tote Äste sind starr. Lebendige Äste sind beweglich. Also habe ich einfach den Test gemacht. Wenn ein Ast sich biegen ließ, war klar: Der lebt noch. Wenn er starr war und knirschend unter meiner Hand zerbrach, wurde deutlich: Der ist tot, da lebt nichts mehr.

Starrheit und innere Unbeweglichkeit sind Zeichen dafür, dass etwas in uns abgestorben ist. Die Bibel verwendet den Begriff »Halsstarrigkeit«, um eine Haltung der Verschlossenheit gegenüber dem Leben zum Ausdruck zu bringen. Es gibt dutzende von Passagen in der Bibel, in denen Gott seine Leute auffordert, sich auf den – durchaus schmerzhaften – Prozess der inneren Veränderung einzulassen.

Wenn neues Leben in erstarrte Herzen fließt, fühlt sich das ähnlich an wie das Auftauen von Gliedmaßen nach einem langen Wintersparziergang mit ungeeigneter Kleidung oder das »Aufwachen« von Gliedmaßen, die eingeschlafen waren. Der ganze Körper ist starr und kalt, aber wenn das Blut wieder zu zirkulieren beginnt, ist es als ob einen tausend Nadeln stechen. Alles piekst und kribbelt. Am liebsten würde man sich die Starre zurück wünschen. Aber dann spürt man eine wohlige Wärme und genießt es, die vorher starren Glieder wieder weich bewegen zu können.

Lebendigsein bringt Risiken mit sich. Ein lebendiges Herz empfindet Schmerz, man kann es berühren, es schlägt für etwas, lässt sich bewegen, ist sanft und weich. Und es kann wieder verletzt werden. Das ist im Leben immer inbegriffen.

Fragen zum Weiterdenken

Wo reagiere ich mit den immer gleichen Floskeln – ohne wirklich zugehört zu haben? Worauf weist mich das hin?

....

....

....

Wo *prä-agiere* ich, statt erst einmal abzuwarten, was tatsächlich geschieht?

....

....

....

Welchen ersten Schritt werde ich gehen, um mich neu aufs Leben einzulassen?

....

....

....

Tipp

Testen Sie einmal von Kopf bis Fuß: Wo ist mein Körper unbeweglich, steif und verspannt geworden? Überlegen Sie, wo Sie Zusammenhänge zwischen inneren Mustern und körperlichen Symptomen erkennen können.

6

Begegnen

Alles wirkliche Leben ist Begegnung. Ich werde am Du.
(Martin Buber)

Wenn ein Mensch tot ist, bedauert man, dass man ihm nicht mehr begegnen kann. Man erinnert sich an all das, was an diesem Menschen einmalig war: seine Stimme, sein Lachen, seine ganz eigene Art, das Leben anzupacken und zu gestalten. Ich vermisse zum Beispiel, wenn ich an meine Großmutter denke, ihren Pflaumenkuchen, ihre 22
warmen, arbeitsrauen Hände und den Klang ihrer Stimme, wenn sie alte Kirchenlieder sang. Ich vermisse die Begegnungen mit ihr, die mir viel gegeben haben. Gefühle von Vertrautheit, umsorgt werden, Geborgenheit, zu Hause sein.

Echte Begegnung ist nicht nur ein Ereignis, das passiert. Jede Begegnung verändert uns, löst etwas aus, bringt etwas Neues in uns hervor und fördert Leben. Das können kleine, unscheinbare Begegnungen sein – ein Lächeln im Alltag, das plötzlich wieder den Blick auf die Schönheit des Lebens lenkt oder auch tiefe, intime Begegnungen mit geliebten Menschen, die uns viel geben und etwas in uns stärken und fördern.

Kinder lernen fast ausschließlich in der Begegnung. Sie sehen etwas und machen es nach. Das ist ganz natürliches, angeborenes Verhalten. Es geschieht ganz intuitiv. Mutti macht den Mund auf. Das Kind tut es auch. Und schwupps ist der Löffel mit dem Spinat schon drin.

Das tun nicht nur Kinder. Auch bei Erwachsenen löst etwas, das sie sehen, den Impuls aus, das Gleiche tun zu wollen. Ein Mensch lächelt – wir lächeln fast automatisch zurück, ein anderer gähnt und es steckt uns an. Ein Mensch weint, es berührt uns. Häufig lösen Dinge, die wir sehen, in uns ähnliche Gefühle aus: Aggressives Verhalten macht uns selbst wütend, ein schluchzender Mensch berührt unsere eigene Traurigkeit und wenn wir sehen, wie Liebespaare zärtlich und liebevoll miteinander umgehen, weckt das in uns den Wunsch, auch einen anderen Menschen berühren zu können.[21]

Anders als Kinder, die auf praktisch alle Impulse automatisch mit Nachahmung reagieren, haben wir als Erwachsene es sinnvollerweise gelernt, unsere Reaktionen etwas zu bremsen. So brechen wir z. B. nicht jedes Mal in Tränen aus, wenn jemand in einem Kinofilm weint oder können den Impuls, zu gähnen, auch unterdrücken. Durch die Fähigkeit, unsere Reaktionen zumindest zum Teil steuern zu können, sind wir den Reizen und Impulsen, die auf uns einströmen, nicht vollständig ausgeliefert. Das befähigt uns, weiterhin die Dinge zu tun, die wir tun wollen.

Manchmal jedoch haben wir die Kunst des Nicht-Reagierens so weit ausgebaut, dass wir gar nicht mehr von dem berührt werden, was wir sehen und wahrnehmen. Wir sehnen uns nach Nähe und Intimität, aber lassen uns gar nicht auf echte Begegnungen mit anderen ein. Unsere eigenen Programme halten uns zu sehr gefangen. Wir haben eingeübt, abzuschalten und nicht zu reagieren. Wir nehmen etwas nur noch rational wahr: »Ah, er ist wohl traurig.« Aber es berührt uns nicht mehr. Unser Herz bleibt kalt. Voll und ganz zu leben, bedeutet auch, neu zu lernen, mit anderen mitzuschwingen, mitzuerleben, was sie erleben.

Da braucht es dann besondere Ereignisse und Überraschungen, um uns aus unserer emotionalen Versenkung zu holen. Wenn wir überrascht werden, sind die Impulse, die auf uns einströmen, schneller und heftiger als unsere Abwehrmechanismen »dicht« machen können. Es »erwischt uns« voll und wir können einen Moment tief erleben und wahrnehmen. Wir reagieren ungebremst auf das, was uns überrascht. Je nachdem was es ist, mit Schock, Freude, Begeisterung oder ungläubigem Staunen. Wir empfangen einen starken Impuls und reagieren

[21] Joachim Bauer: Warum ich fühle, was du fühlst. Intuitive Kommunikation und das Geheimnis der Spiegelneuronen, Heyne, München 2006.

mit intensiven Emotionen. In Situationen, die uns überraschen, fühlen wir uns im Innersten lebendig, weil wir endlich wieder tiefe Gefühle spüren. Gefühle, die wir im Alltag fast komplett zur Seite gedrängt haben, wo uns fast nichts und niemand mehr berühren kann.

Leben, von ein paar Einzellern abgesehen, kann im ganz biologischen Sinne nur dann entstehen, wenn zwei unterschiedliche Lebewesen sich begegnen, ihre Gene austauschen und aus der Kombination des Unterschiedlichen etwas Neues entsteht. Das kann nur geschehen, wenn man sich auf den anderen einlässt. Wir alle sehnen uns nach tiefer Begegnung mit anderen, die uns berührt.

Wir sehnen uns danach, im Innersten erkannt zu werden – und fürchten gleichzeitig kaum etwas so sehr wie einen anderen Menschen wirklich an uns heran zu lassen. Begegnung ist riskant. Es ist eine Chance, aber auch eine Gefahr. Intime, nahe Begegnung setzt Enthüllung voraus – im wörtlichen, aber auch im übertragenen Sinne. In der Begegnung wird sichtbar, wer und wie ich bin. Manches wird den anderen begeistern, anderes wird ihn enttäuschen. Die Reaktion ist nicht vorhersehbar.

In der Distanz lebt es sich sicherer. Man muss kein Risiko eingehen. Aber in der Distanz ist Begegnung, die Leben hervorbringt, unmöglich. So wie ein Samenkorn kein Leben hervorbringen kann, wenn es sicher verpackt in einer Samentüte ist, sondern nur dann wenn es sich auf Erde, Wasser, Sonne, Wind, Eis und Kälte – kurz auf das Leben und die Veränderungen, die es mit sich bringt, einlässt.

Aus Angst vor echter Begegnung haben wir »sicheren« Sex entwickelt. Damit meine ich nicht das Benutzen von Kondomen, sondern die Entpersonalisierung der intimen Begegnung. Statt einem anderen Menschen tief und echt zu begegnen, bieten sich Ausdrucksformen von Sexualität an, die Begegnung, Erotik und Nähe vortäuschen, aber bei denen man nicht dem Risiko der Offenheit und Verletzlichkeit ausgesetzt ist, die echte Intimität mit sich bringt. Pornographie, One-Night-Stands, Internet- und Telefonsex vermitteln ein Gefühl von Nähe, aber ermöglichen kein tiefes Kennen und Erkennen zweier Menschen.

Wer sich Begegnungen verschließt, verschließt sich dem Leben. Mit Telefonsex kann man keine Kinder zeugen und es stärkt auch nicht unbedingt das Selbstwertgefühl. Man kennt sich und den anderen dadurch nicht besser. Es wird nur etwas bedient.

Als ich einmal mit einer Freundin in einem Gartenrestaurant saß, beobachtete ich, wie ein Freier eine Prostituierte in sein Auto einsteigen ließ und mit ihr in eine Seitenstrasse fuhr. Noch bevor ich mein Glas leer getrunken hatte, waren die beiden schon fertig und er setzte sie wieder an ihrer Ecke ab. Ob er sie wohl nach ihrem Namen gefragt hat? Im entpersonalisierten Schnelldurchgang ist Intimität kaum möglich.

Sexuelle aber auch ganz allgemein zwischenmenschliche Kommunikation und Intimität setzt voraus, dass zwei verschiedene Menschen in der Lage sind, sich aufeinander einzustellen, ihre Körper, ihre Bewegungen, ihr Tempo, ihre Emotionen immer mehr in Gleichklang zu bringen. Und es bewirkt, wenn man sich zeigt, öffnet und auf die Begegnung einlässt, dass man sich und den anderen immer tiefer kennen lernt. Beide wachsen an der Begegnung und es entsteht immer wieder Neues. Man darf sich und einem anderen Menschen die Zeit lassen, sich kennen zu lernen – ein Leben lang.

Sich selbst begegnen

Wir können einander nur dann
von Angesicht zu Angesicht begegnen, wenn wir ein Gesicht haben.
(We can only meet face to face when we have faces.)
(Coretta King)

Wer anderen begegnen will, kann das nur als Mensch mit eigenem Profil und ausgeprägter Persönlichkeit. Im Wort »begegnen« steckt das Wort »gegen«, was nicht in erster Linie »feindlich gesinnt« meint, sondern lediglich »auf der anderen Seite« bedeutet. So wie bei dem Wort »gegenüber«. Nur der kann ein Gegenüber sein, der bei sich selbst fest steht.

In der Beratung begegnen mir immer wieder Menschen, die sich und ihre Wünsche kaum kennen. In Beziehungen und Freundschaften neigen sie dazu, sich ausschließlich nach den Wünschen des anderen zu richten. Das kann dazu führen, dass der oder die anderen sie auf Dauer als ausgesprochen langweilig und eintönig empfinden, weil sie kaum eigene Impulse setzen. Aber auch das gegenteilige Extrem kann der Fall sein: Weil man selbst so unsicher ist, bleibt man auf sich selbst und die eigenen Bedürfnisse fixiert und erwartet, dass andere Menschen diese Wünsche erkennen und erfüllen.

Es ist schon ein bisschen verrückt: Wir erwarten, dass andere Interesse an uns haben, offen für uns sind und liebevoll mit uns umgehen. Wir wünschen uns, dass sie uns kennen lernen wollen, aber wir selbst gehen nur selten achtsam mit uns um. Wir nehmen die Signale unseres Körpers, welche Überforderung, Angst oder Unwohlsein signalisieren erst dann wahr, wenn sie sich zu handfesten Verspannungen oder Magengeschwüren entwickelt haben. Und selbst dann versuchen wir häufig, die Symptome zu kurieren, statt uns mit den tieferen Ursachen auseinander zu setzen und uns selbst zu begegnen.

Mal ehrlich; Wann haben Sie sich das letzte Mal bewusst Zeit genommen, sich selbst zu fragen: »Was fühle ich? Was möchte ich? Was mag ich gerne? Was mag ich nicht so gern? Was würde mir jetzt gut tun?« War es Gestern? Vor einer Woche? Vor einem Jahr?

Wie können wir erwarten, dass andere liebevoll und behutsam mit uns umgehen, wenn wir uns selbst kaum Beachtung schenken?

Das Phänomen, dass wir uns kaum Zeit nehmen, unser Innerstes zu entdecken, ist nicht neu. Bereits im 12. Jahrhundert gab Bernhard von Clairvaux dem viel beschäftigten Papst Eugen folgenden Rat: »Du sollst auch für dich selbst ein aufmerksames Herz haben. (...) Wenn also alle Menschen ein Recht auf dich haben, dann sei auch du selbst ein Mensch, der ein Recht auf sich hat. (...) Bist du etwa dir selbst ein Fremder? Und bist du nicht jedem fremd, wenn du dir selbst fremd bist? Ja, wer mit sich selbst schlecht umgeht, wem kann der gut sein? Denke also daran: Gönne dich dir selbst. Ich sage nicht: Tue das immer; ich sage nicht: Tue das oft; aber ich sage: Tue es immer wieder einmal. Sei wie für alle anderen auch für dich selbst da.«[22]

Nicht immer ist, wie bei Papst Eugen, die Vielzahl der Verpflichtungen der Grund, warum man in Gefahr steht, dem eigenen Inneren nur wenig Beachtung zu schenken. Es gibt auch Menschen, die ihre eigenen Wünsche zwar wahrnehmen, aber sich nicht erlauben, zu dem zu stehen, was sie gerne möchten. Sie haben verinnerlicht: »Das, was ich will, zählt nicht.«

---

[22] Zitiert in: Psychologie Heute Compact: Glücksmomente, Beltz 2007, S. 37.

Eine meiner Freundinnen hält beim Lachen immer die Hand vor den Mund. Ihr wurde von klein auf beigebracht: Es stört, wenn du deine Gefühle zeigst. Jetzt als Erwachsene lernt sie, dass andere Menschen, nicht zuletzt ich, es schätzen und genießen können, wenn sie ausdrückt, was sie bewegt.

Es stimmt nicht, dass das, was wir empfinden und fühlen unwichtig ist. Was wir sind, wollen und wünschen, ist wertvoll und einmalig und es fehlt etwas Schönes, Buntes, Echtes und Lebendiges, wenn wir anderen Menschen unser Innerstes vorenthalten. »Wenn du nicht du bist, wer wird es dann sein?«, steht auf einer Karte in meinem Wohnzimmer, die mich daran erinnert, dass ich einmalig bin und meine einzigartige Persönlichkeit zum Ausdruck bringen kann und darf.

Die meisten von Ihnen haben es nie gelernt haben, sich selbst gut zuzuhören – obwohl das gar nicht so schwer ist. Wir alle führen im Kopf Selbstgespräche. Das ist ganz normal. Jeder kennt das. Momente in denen man zu sich sagt: »Wie konntest du nur so doof sein!« und dabei sich selbst meint. Oder auch: »Mensch, das hast du aber gut gemacht!« Mein Vater führt diese Selbstgespräche manchmal laut. Wir wissen, dass irgend etwas schief gelaufen ist und er zum Beispiel beim Tennis einen Ball ins Netz geschlagen hat, wenn er mit sich selbst schimpft: »Mensch, Hack, was hast du jetzt schon wieder gemacht!«

Nicht jeder von uns bringt sein Innerstes so direkt zum Ausdruck wie mein Vater es manchmal tut. Wir alle haben all die lobenden, kritischen, mahnenden, ermutigenden, schützenden und anklagenden Stimmen, die wir im Laufe unseres Lebens gehört haben, verinnerlicht und »hören« sie, wenn wir vor Entscheidungen stehen, etwas falsch gemacht haben oder uns etwas überlegen. Manchmal herrscht in unseren Gedanken ein ziemliches Durcheinander. Wir hören mal diese, mal jene Stimme und kommen zu dem Ergebnis »Ich weiß gar nicht mehr, was ich will.« Das stimmt nicht. Wir können wählen.

Das setzt aber voraus, dass wir die Stimmen wahrnehmen und mit den Werten und Erfahrungen, die sie repräsentieren in einen bewussten Dialog treten: »Ah, hallo, da bist du wieder, du alte Anklägerstimme, und sagst mir: ›Du schaffst das ohnehin nicht.‹ Das sagst du. Aber ich entscheide mich, es trotz aller Bedenken wenigstens zu versuchen. Und das packe ich jetzt an.« Wer sich selbst gut zuhören kann, dem fällt es leichter, klare Entscheidungen zu treffen: »Ja, ich nehme meine Ängste wahr. Ich sehe, dass es hier oder da echte Gefahren gibt. Aber ich entscheide mich.«

Das lernt man, indem man die Gedanken, Zweifel und Fragen, die einem durch den Kopf gehen, nicht länger verdrängt oder unbeantwortet lässt und wie lästige Stechmücken abwehrt, sondern sich bewusst und achtsam und wertschätzend fragt: »Was sage ich mir da eigentlich? Was genau höre ich? Was bewegt mich? Was macht mir Angst? Was wünsche ich mir? Was bedroht mich? Was will mir das sagen?«

Ich höre meinen Gedanken achtsam zu und kanzle das, was an Wünschen und Gedanken in mir hochkommt nicht ab, sondern registriere es wohlwollend: »Ah, Urlaub in Chile... interessant. Angst vor einer unbekannten Situation... Ja, das nehme ich wahr...« Ich versuche herauszufinden, was der Teil von mir, der »rumort« und den ich bisher offensichtlich zu wenig beachtet habe, mir sagen möchte.

Und dann überlege ich, was ich auf Grund dessen, was ich wahrgenommen habe, nun tun möchte: Vielleicht habe ich mich überfordert und es ist dran, runter zu schrauben. Oder das Gegenteil ist der Fall: etwas in mir will aktiv werden und wartet nur darauf, dass ich den Raum dafür gewähre.

Wem diese Art des Umgangs mit sich selbst ungewohnt erscheint, der kann sich in Erinnerung rufen, dass das keine neue Psychotechnik ist, sondern es dafür viele historische Vorbilder gibt. König David zum Beispiel hat in Psalm 42 und 43 ein wunderbares Selbstgespräch aufgezeichnet. Hier spricht der »Teamchef« David seinem verängstigten Inneren Mut zu: »Warum betrübst du dich meine Seele und bist so unruhig in mir?« Viele klassische und moderne Mystiker haben den Dialog mit ihrem Inneren geführt, ohne dabei weltfremd zu werden, sondern vielmehr durch bewusste Auseinandersetzung mit ihrem Inneren auch die Kraft gefunden, herausfordernde Aufgaben zu gestalten.

Neben dem inneren Dialog, den ich beschrieben habe, gibt es natürlich noch unzählige andere Möglichkeiten, sich selbst besser kennen zu lernen: Dinge aufzuschreiben, Körpererfahrungen zu machen oder sich bewusst auf Situationen einzulassen, in denen man sich neu entdeckt, sind nur einige der vielen Wege, um zu entdecken, was man tatsächlich möchte.

Das muss, wenn man die Eigenreflexion in einem vernünftigen Maß praktiziert, nicht zwangsläufig dazu führen, dass man nur noch mit sich selbst beschäftigt ist. Im Gegenteil. Wer sich selbst gut kennt und wahrnimmt, ist gut verankert. Er wird nicht von unbewussten Wünschen, Bedürfnissen und Ängsten hin und her getrieben und gesteuert. Er weiß klar: Das will ich. Das will ich nicht. Aus dieser Sicherheit kann er sein Leben kraftvoll gestalten – und anderen Menschen offen begegnen.

Wer in Beziehungen dazu tendierte, immer nur auf den anderen zu blicken, kann und darf es lernen, wahrzunehmen, was er möchte und erst einmal dazu zu stehen: »Ja, das will ich!« Er sollte nicht gleich, sondern erst anschließend in einem zweiten Schritt überlegen: »Wie gehen wir nun gemeinsam damit um, dass ich mir eine Sache wünsche und ein anderer sich etwas anderes?« Anders als wenn man die eigenen Wünsche und Bedürfnisse von vornherein leugnet, kann aus so einer offenen Wahrnehmung der eigenen Wünsche ein fruchtbarer Dialog und echte Begegnung entstehen.

Fragen zum Weiterdenken

Achte ich ausreichend auf mich selbst? (Oder: Achte ich mich selbst ausreichend?) Wenn ja: Wie gestalte ich das?
Wenn nein: Wie kann ich das konkret aussehen lassen?

....

....

....

Wenn ich mehr »bei mir selbst« wäre – wer würde davon profitieren?

....

....

....

Bei sehr unausgewogenen Beziehungen. Was wäre der erste Schritt, um meine Wünsche besser zum Ausdruck zu bringen?
Oder: Was wäre der erste Schritt, um besser auf die Bedürfnisse anderer einzugehen?

....

....

....

Übung

Nehmen Sie sich zehn Minuten Zeit für einen inneren Dialog. Fragen Sie sich: Was bewegt mich gerade? Und höre ich mir gut zu?

Demut

Die Glücklichen sind neugierig.
(Friedrich Nietzsche)

24

Es ist wunderbar, wenn man anderen etwas vermitteln kann. Ich bin nach wie vor jemand, der sich leidenschaftlich für etwas engagieren und begeistern kann. Keine Frage, ich kann quirlig, sprudelnd und inspirierend erzählen und andere mitreißen. Es gibt nur wenig Momente, in denen ich mich selbst so lebendig fühle, wie in Momenten, in denen ich sehe, dass meine Worte und Ideen beim Zuhörer auf Resonanz stoßen, inspirieren und etwas bewegen.

Aber ich entdecke immer mehr, dass man Menschen häufig mehr geben kann, wenn man achtsam zuhört, als wenn man ihnen erzählt, was man selbst weiß. Wir alle sehnen uns danach, wirklich wahrgenommen zu werden. Manchmal drücken wir das dadurch aus, dass wir lautstark auf uns aufmerksam machen, sei es mit Worten, Kleidung, auf Internet-Seiten oder indem wir unendlich aktiv sind. Oder indem wir lautstark schweigen und hoffen, dass man das wahrnimmt.

Gesehen zu werden, im innersten Wesen erkannt zu werden, ist das Herzstück freundschaftlicher und intimer Beziehung – sowohl in emotionaler wie auch in sexueller Hinsicht. Wo einer nicht beachtet wird, reagiert er irgendwann mit Missachtung oder Verachtung. Man verachtet die Person, die einen nicht beachtet hat und macht sie in seinen Gedanken und vielleicht auch mit Worten klein.

Kinder, die von ihren Eltern nicht genügend Beachtung geschenkt bekommen, werden sich später schwer damit tun, ihre Eltern zu achten. Vorgesetzte, die ihre Mitarbeiter klein machen, sollten nicht überrascht sein, wenn ihnen wenig Respekt entgegen gebracht wird. Nachbarn, die kaum grüßen, Lehrer, die kaum lächeln, Mütter, die nicht wahrnehmen, Väter, die sich keine Zeit zum Zuhören nehmen – sie alle setzen durch ihre Missachtung einen gewissen Kreislauf des Todes in Gang.

Die Menschen, die ich am meisten bewundere und achte, sind diejenigen, die – ohne sich selbst dabei zu vergessen – wirklich offen und zugänglich für andere sind und sie achten und annehmen können und ihnen Leben spenden. Es sind Menschen, die anderen Menschen ungeteilte Aufmerksamkeit schenken können – ungeachtet dessen, ob sie »wichtige« Persönlichkeiten sind oder Menschen, denen andere keine Beachtung schenken. Wenn ich sehe, dass ein anderer Mensch ein Kind ernst nimmt, ihm aufmerksam und achtsam zuhört, nicht von oben herab, sondern sich wirklich interessiert auf ein Gespräch einlässt, sammelt der Mensch in meiner Werteskala unzählige Bonuspunkte. Ja, dem kann ich vertrauen.

Jesus war, ohne seine eigenen Werte zu verleugnen und zu verwässern, in der Lage Menschen anzunehmen und ihnen offen zu begegnen, egal ob es sich um rotznäsige Kinder, korrupte Steuerbeamte oder Prostituierte handelte. Der Lebensstil vieler Menschen, die er traf, widersprach in vielen Bereichen dem, was er für gut und richtig hielt, dennoch begegnete er den Menschen, die so lebten mit Warmherzigkeit und Offenheit und zeigte ihnen auch dadurch, dass es möglich ist, anders zu leben, als sie bisher dachten.

Große Männer und Frauen können das. Eine Frau wurde nach einer Begegnung mit zwei wichtigen Männern, die beide Premierminister von England gewesen waren, gefragt, wie sie die Begegnung empfunden hat. Sie antwortete »Nach der Begegnung mit Mr. Gladstone dachte ich: Was für ein kluger Mann ist er! Nach der Begegnung mit Mr. Disraeli dachte ich: Was für eine kluge Frau bin ich!«

Die wenigsten Menschen genießen es, von anderen »zugetextet« zu werden, aber fast alle sehnen sich danach, dass andere Menschen ihnen Achtsamkeit und Aufmerksamkeit entgegen bringen – so wie es Premierminister Disraeli offensichtlich getan hat. Wenn ein Mensch nach einer Begegnung zu mir sagt: »Jetzt verstehe ich viel besser, wer ich bin und was ich kann« macht mich das glücklicher, als wenn er mir sagt: »Wow, du bist ne tolle Frau!« (Obwohl ich das natürlich ab und an zugegebenermaßen auch gerne höre).

Häufig sind zumindest die Extrovertierten unter uns so überzeugt von uns selbst und unserer Meinung, dass wir gar nicht auf die Idee kommen, dass andere auch etwas Wichtiges mitzuteilen hätten. Wir sagen offen, was wir denken und hören nur selten zu, was andere zu sagen haben. Unsere lauten Worte übertönen ihre leisen Zwischentöne und zaghaften Versuche, auch etwas einzubringen.

Wir alle haben unsere ganz eigenen Taktiken entwickelt, um Worte, die wir nicht hören wollen, nicht an uns heran zu lassen. Als ich einmal bei einer befreundeten Familie zu Besuch war, fragte der Vater die Kinder, wer einen Kurzbeitrag aus einem Bildungskalender vorlesen möchte. Der jüngste Sohn verschwand blitzschnell unter der Tischplatte und signalisierte überdeutlich: »Ich nicht«. Er tauchte erst wieder auf, als ich ihn direkt ansprach: »Du, wenn ich zu Besuch bin, würde ich dich eigentlich ganz gerne sehen. Komm bitte wieder hoch!«

24

Ich habe auch einmal die Mutter einer Freundin beobachtet, die, genervt von den langen Ausführungen einer kommunikationsbedürftigen älteren Dame, einfach den Hörer neben das Telefon legte, weiter ihre Küchenarbeit erledigte, und ab und zu zum Telefon ging und ein »ach« oder »hmm, das ist ja interessant« in den Hörer hauchte.

So offensichtlich wie diese beiden Menschen, bringen wir unser Desinteresse nur selten zum Ausdruck. Wir verlassen den Raum der Begegnung meist nicht körperlich, aber steigen innerlich aus der Kommunikation aus. Wir begegnen dem anderen nicht mehr mit gespannter Neugierde, sondern mit Desinteresse.

Ein Freund erzählte mir einmal von einen Jesuitenpater, der gesagt habe: »Als ich 20 war, habe ich alle Antworten gewusst. Mit 35 merke ich, dass ich noch nicht einmal alle Fragen verstanden habe.«

Dieser Mann hat verstanden, dass er nicht alles versteht und noch viel entdecken kann.

Gerade wenn man Menschen sehr vertraut ist, ist die Gefahr groß, dass man die Haltung des Staunens vergisst, die für belebende Kommunikation essentiell ist. Man spürt den Unterschied, selbst wenn die Worte gleich bleiben.

Bei einem Seminar bekamen jeweils zwei Partner die Aufgabe miteinander lernen zu üben. Mein »Lehrer« hatte die undankbare Aufgabe mir das große 17er Einmaleins beizubringen: »17 x 19 ist... ähm...« Ich schwitzte und rechnete. Und er lobte mich.

Aber sein Lob berührte mich kaum. Es wirkte angelernt, bemüht, nicht tief und echt. Am nächsten Tag sollten wir das Experiment wiederholen, allerdings bekam der Lehrer zusätzlich die Aufgabe, nicht nur auf das richtige Ergebnis zu achten, sondern mit dem Blick und der Aufmerksamkeit ganz beim Schüler zu sein. Diesmal berührten die wertschätzenden Worte meines Lehrers mich tief. Ich strahlte über das ganze Gesicht, als er sagte »Gut gemacht!« Ich habe wahrgenommen, dass er mit seiner Aufmerksamkeit ganz bei mir war.

Häufig gleicht die Kommunikation in Familien, Paaren, Arbeitsstellen oder Schulen eher parallel ablaufenden Monologen als achtsamen Dialogen. Der eine sagt etwas. Der andere hört nicht wirklich zu. Er sagt dann selbst wieder etwas. Keiner lässt die Worte des anderen auf sich wirken und reagiert darauf aus seinem Inneren heraus.

Die an derartig eingefahrener Kommunikation Beteiligten nehmen oft gar nicht mehr wahr, dass sie aneinander vorbei reden und lediglich ein fest eingelaufenes Programm abspulen. Für Außenstehende ist es jedoch manchmal fast unfassbar, was sie da an Nicht-Kommunikation erleben. Sie fragen erstaunt: »Hast du eigentlich zugehört, was sie gesagt hat?« Und bekommen zur Antwort: »Nein, aber ich weiß ja ohnehin schon, was sie sagen will.« Ritualisierte Verhaltensmuster ersetzen echte Begegnung. Und alle Beteiligten bleiben unbefriedigt zurück.

Echte Kommunikation setzt Demut voraus. Das ist eine Haltung des Lernens, der Offenheit, der Begegnung, des »Ich weiß nicht alles besser«, die Leben und Begegnung erst ermöglicht. Wer will schon mit jemandem reden, der ohnehin immer alles besser weiß? Oder mit jemandem, der schon weiß, was gesagt werden wird, noch bevor man den Mund geöffnet hat?

Das ist Stolz, eine Haltung des Besser-Wissens, noch bevor man wirklich hingehört hat. Ein stolzer Mensch ist innerlich ein Stück weit tot. Vielleicht weiß er tatsächlich manches besser als andere, aber er kann das Leben, das aus Begegnung fließt, nicht mehr erleben.

Niemand kann das Geheimnis des Gebets wirklich ergründen. Aber es fasziniert mich, dass der Schöpfer des Universums, der allen Grund hätte, stolz auf seine Leistungen zu sein und sich distanziert zum unvollkommenen Menschen zu verhalten, offensichtlich gern mit sich reden lässt. Die Bibel erzählt eine Geschichte nach der anderen, die beschreibt, wie er mit Menschen in einen echten Dialog tritt und offen für sie und ihre Klagen, Wünsche, Ängste und Bitten um Hilfe ist. Er legt den Hörer nicht daneben und sagt ab und zu mal »Ach ja«. Vielmehr wird der Schöpfer als jemand beschrieben, der aktiv und intensiv zuhört, Rückfragen stellt und zum offenen Gespräch auffordert.[23] Davon können wir uns alle eine große Scheibe abschneiden.

Neben der Bereitschaft, vom anderen zu lernen und mir von ihm etwas sagen zu lassen, ist Achtsamkeit eine weitere wesentliche Voraussetzung für tiefe, lebensspendende Kommunikation. Ich renne nicht achtlos am anderen vorbei und beschäftige mich nicht mit tausend anderen Dingen, während er redet, sondern beachte ihn. Einander achten und beachten setzt den Kreislauf des Lebens in Gang.

Eine meiner Mitarbeiterinnen fragte mich einmal: »Kerstin, willst du 'ne Tasse Kaffee?« Ich sagte »Ja« und tauchte sofort wieder in meine Arbeit ein und bekam nicht mit, dass sie mich weiter fragte: »Mit Milch und Zucker?« Sie blieb geduldig neben mir und meinem Computer stehen und meinte nach einer Weile: »Na, so schwierig kann die Frage doch jetzt nicht gewesen sein.« Ich hatte sie tatsächlich nicht mehr beachtet.

Es gibt uns Kraft, wenn Menschen uns achten und beachten und aufmerksam betrachten. »Kerstin, du kannst phantastisch rückwärts laufen und erwischst Bälle, die hinter dir aufkommen mit großer Sicherheit« kommentierte eine Freundin meine Erfolge auf dem Squash-Platz. Mir war das nicht aufgefallen. Ich hatte nur gemerkt, dass mein und damit unser Spiel noch ziemlich holprig war. Es erinnerte eher an ein Auto mit stotterndem Motor als an eine Fahrt im Sportwagen.

[23] Die letzten Kapitel des Buches Hiob sind eine faszinierende Beschreibung eines Gesprächs zwischen Gott und Hiob – da findet echte Begegnung statt.

Mittendrin kam dann ihre Bemerkung: »Du kannst phantastisch rückwärts laufen.« Aber sie hatte Recht. Es fiel mir wesentlich leichter, nach hinten zu laufen als nach vorne. Keine Ahnung warum. Aber ich weiß, dass ich es ohne ihren Kommentar nicht einmal bemerkt hätte.

Viele meiner Stärken habe ich erst durch die Kommentare von Freuden entdeckt. Manches von dem, was ich kann, hielt ich lange für selbstverständlich, weil ich mir nie Mühe geben musste, es zu erlernen. Erst als andere mich darauf aufmerksam machten, habe ich wahrgenommen, dass nicht jeder das kann. Ihre Kommentare helfen mir, meine Kraft besser auf meine Talente fokussieren. Wir können uns natürlich auch liebevoll auf Verhaltensmuster aufmerksam machen, die Leben verhindern.

Eine andere Freundin, dir mir offen sagt, was sie an mir schätzt, hatte den Mut, mich auf ein für sie sehr störendes Kommunikationsmuster hinzuweisen, das ich wohl jahrelang praktiziert hatte, das mir aber selbst noch gar nicht aufgefallen war. Es wird eine Weile dauern, bis ich das überwunden habe, aber ohne ihren liebevollen, mutigen Kommentar wäre es mir gar nicht aufgefallen. Es ist schön, dass wir uns gegenseitig dabei unterstützen können, lebenshemmende Muster zu entdecken und zu überwinden. Dazu müssen wir achtsam hinsehen. Wahrnehmen, was uns beim anderen auffällt. Spüren, was das in uns auslöst. Und dann den Mut haben, es auszusprechen: »Du, was ich an dir sehe ist...«

Während es den einen Menschen schwer fällt, anderen Raum zu geben, ist es für andere genau das Umgekehrte der Fall: Sie halten das, was sie bewegt, nicht für bemerkenswert oder gar langweilig und halten es deshalb zurück. Aber echte Begegnung ist nur dann möglich, wenn sich zwei Menschen offen begegnen. Wenn beide etwas von sich zeigen und ins Gespräch einbringen. Wer sich nicht mitteilt, nimmt sich und dem anderen die Möglichkeit zur Begegnung. Wenn Sie zu diesen Menschen gehören, dann machen Sie sich bewusst, wie viel anderen Menschen fehlt, wenn Sie die Schätze, die Sie an Erfahrung, Wissen und in Ihrer Persönlichkeit in sich tragen, nicht mit ihnen teilen. Und wenn Sie Menschen begegnen, die nicht so leicht aus sich herausgehen, dann schenken Sie ihnen den Raum, der für solche Begegnungen nötig ist.

Ein Freund von mir erzählte mir, dass er im Skilager immer bewusst nicht mit Kollegen, sondern mit den Schülern im Lift fährt: »Weißt du, da müssen sie ein paar Minuten mit mir reden. Manchmal über Belangloses, aber wenn sie wollen, dann ist da auch der Raum, über Dinge zu reden, die ihnen am Herzen sind.« Er schenkt ihnen Raum und die Möglichkeit, erzählen zu können, wenn sie es möchten.

Viele Eltern achten beim Zu-Bett-Bringen von jüngeren Kindern auf die Signale, die andeuten, dass das Kind noch etwas auf dem Herzen hat. Manche Eltern von älteren Kindern halten sich bewusst zu den Zeiten, wenn die Kinder abends nach Hause kommen, in der Küche auf. Sie wissen, dass der erste Gang zum Kühlschrank geht... und dass dann vielleicht der Wunsch da ist, zu reden.

Und wieder andere Menschen kochen eine Tasse Tee oder Kaffee oder öffnen eine Flasche Wein und nehmen sich schlicht und ergreifend die Zeit, sich mit dem Partner oder einem befreundeten Menschen hinzusetzen und zu fragen: »Was bewegt dich? Ich möchte es gerne hören!« Die Qualität und Tiefe kann man nicht erzwingen. Aber man kann es lernen, Raum zu schaffen, der qualitativ hochwertige Begegnung ermöglicht. Wenn sie dann geschieht, ist es immer noch ein wunderbares Geschenk des Lebens.

Fragen zum Weiterdenken

Woran würden andere erkennen, dass ich mich mehr für sie und für Begegnung öffne?

....

....

....

Wie kann ich mehr Raum für Begegnung schaffen?

....

....

....

Um Menschen tiefer zu begegnen, müsste ich...

....

....

....

Ich will heute damit beginnen, indem ich...

....

....

....

Übung

Wenn Sie heute einem Menschen begegnen, achten Sie bewusst auf die Signale, die er aussendet: Was zeigt und vermittelt er von sich selbst? Was kann ich (neu) an ihm entdecken?

Einlassen

Um Erfolg zu haben,
musst du den Standpunkt des anderen annehmen
und die Dinge mit seinen Augen betrachten.
(Henry Ford)

Eines der Wunder des menschlichen Lebens ist die Fähigkeit zur Kommunikation, zum Austausch von Worten, Gedanken und Gefühlen. Wir können Menschen mit unserem Körper, vor allem mit unseren Händen, berühren, ihnen helfen und sie trösten. Mit Worten können wir Distanz überbrücken und Nähe erzeugen – oft sogar über weite Entfernungen hinweg: durch Anrufe, Briefe oder E-Mails. Worte haben Kraft, Menschen zu berühren und ihr Leben zu verändern. Sie können Mut und Hoffnung geben. Wenn sie ankommen.

Es fasziniert mich, dass in alten biblischen Texten sexuelle Begegnung manchmal den Worten »er ging zu ihr ein« beschrieben wird. Auf oder zu jemandem eingehen oder jemanden einlassen – das klingt wie das Betreten eines vertrauten Hauses. Man lässt sich auf die Begegnungen ein, die einen hinter der Tür des Hauses erwarten.

Das griechische Wort, das der Apostel Paulus verwendet, wenn er die Christen auffordert: »Nehmt einander an, wie Christus euch angenommen hat!«[24] drückt das gleiche aus. Akzeptanz ist im Grunde kein Gefühl, sondern die innere Bereitschaft, dem anderen Raum im eigenen Leben zu geben. Ich heiße den anderen, so wie er ist, willkommen wie einen Gast in meinem Haus. Ob ich ihn akzeptieren kann oder nicht, hängt nicht so sehr davon ab, wie sympathisch er mir ist und wie sehr sein Verhalten meinen Erwartungen entspricht, sondern davon, ob ich eine Haltung der Offenheit habe, die Begegnung zulässt.

Der Cellist Jan Vogler erzählte im Februar 2007 bei einem Kurzkonzert in Berlin, dass er sein Cello immer besser kennen lernt. Er entdeckt die Eigenheiten seines Instrumentes und übt sich darin, darauf einzugehen und mit ihm zu fließen. Genauer gesagt mit ihr. Er empfindet sein Cello nicht als ein »es«, sondern fast als Gegenüber, wie eine Frau. Weil er es gelernt hat, intensiv auf sein Instrument zu hören, auf seine Klangfarbe und seine Eigenheiten, ist er in der Lage, ihm wunderbare, berührende Töne zu entlocken. Einklang und Gleichklang braucht Zeit und Achtsamkeit, um zu entstehen – in der Musik ebenso wie in der zwischenmenschlichen Begegnung.

Sich Einlassen fängt schon bei der ersten Begegnung an. Vor einigen Monaten begegnete ich Ari Kleinfelder, der einige Jahre als Assistent für den Bürgerrechtler Martin Luther King gearbeitet hat. Ich fragte, was an Martin Luther King ihn denn besonders beeindruckt habe. Ohne auch nur einen Augenblick zu zögern, antwortete er: »Dass er alle Menschen gleich behandelt hat. Wann immer er einem Menschen begegnet ist, hat er ihm ungeteilte Aufmerksamkeit geschenkt, ganz egal, ob es sich um ein Staatsoberhaupt oder ein Kind handelte, einen Bettler oder einen Mitstreiter im Kampf um Bürgerrechte.«

Er beschrieb Martin Luther King als einen Mann, der sich auf die Begegnung mit anderen einlassen konnte. Und der dadurch selbst immer wieder bereichert wurde.

---

[24] Die Bibel, Neues Testament, Römerbrief, Kapitel 15, 7.

Er hat das sicher zum Teil vom Vorbild Jesu gelernt. In Jesus hat sich Gott auf diese Welt eingelassen, nicht als gelegentlicher außerirdischer Besucher, sondern ganz und gar, mit Haut und Haar. Er hat sich von Menschen berühren lassen und sich Zeit für das Gespräch mit ihnen genommen und so lange mit Kindern gespielt, dass die ernsten Erwachsenen ihn dafür kritisierten.

Ich mag Weihnachtsbilder nicht, auf denen eine glückselig lächelnde Maria ein pralles, hold lächelndes Baby in den Armen hält. Das ist nicht realistisch. Nach einer Geburt sind Frauen glücklich, aber auch zutiefst erschöpft, verschwitzt, haben strähnige Haare, sehnen sich eher danach, sich irgendwo anzulehnen als mit aufrechtem Rücken für ein glanzvolles Portrait zu posieren. Die Welt, auf die Jesus sich da eingelassen hat, war keine glänzende, strahlende Welt. Seine Geburt war kein steriler übernatürlicher Vorgang, sondern eine Geburt mit allem, was zu einer Geburt dazugehört.

Die Menschen, die Jesus berührt hat, hatten Ausschlag und Lepra, die Kinder, die er in den Arm nahm, hatten keine Heiligenscheine, sondern Rotznasen – wie ganz normale Kinder eben. Es gibt eine Passage im Neuen Testament, in der erzählt wird, dass Jesus nach einer größeren Veranstaltung »das Volk verabschiedete«. 5000 Männer mit »Anhang«. Das ist unendlich viel Händeschütteln, noch mal eine Klage über dieses oder jenes Wehwehchen hören: »Jesus, kannst du noch mal kurz für mein Geschwür beten?« Und: »Bitte segne doch kurz meine Tochter!« Oder zum zwanzigsten Mal: »Die Predigt war heute wirklich toll, ein paar echt gute Gedanken.« Und das ganze ein paar hundert Mal.[25]

Bei so vielen Begegnungen kann man sich nicht unendlich viel Zeit für den Einzelnen nehmen. Aber die Qualität einer Begegnung hat nicht nur mit ihrer Dauer zu tun, sondern vor allem mit der inneren Präsenz, mit der man dem Gesprächspartner begegnet. Wende ich mich dem anderen zu oder wende ich mich innerlich ab, selbst wenn ich noch körperlich anwesend bin? Bin ich in Gesprächen aufmerksam oder lasse ich meine Gedanken abschweifen? Wer in Gedanken schon woanders ist, kann den Moment der Begegnung nicht genießen, schätzt ihn gering. Wer allerdings ganz da ist, wird die Begegnung auch als beglückend erleben können.

[25] Die Bibel, Neues Testament, Matthäusevangelium Kapitel 14.

Ein Freund erzählte mir neulich, dass ich in einem Einkaufszentrum von einer jungen Frau einen Werbezettel entgegen nahm. Ich muss dabei so freundlich gelächelt haben, dass die junge Frau zu ihrer Kollegin, seiner Tochter, sagte: »Das war ja mal ein richtiger Lichtblick!« Ich habe mich gefreut das zu hören. Zum einen, weil es mir Mut macht, öfter warmherzig zu reagieren, aber auch, weil ich dachte, dass die junge Frau sicher den folgenden Menschen mit mehr Wärme und Freundlichkeit begegnet ist und ich dadurch, dass ich sie beachtet und ihr ein Lächeln geschenkt habe, vielleicht einen kleinen Schneeballeffekt von Freundlichkeit ausgelöst habe. Ohne großen Aufwand. Nur durch ein paar Worte und ein warmes Lächeln und die Bereitschaft einen Moment lang einen anderen Menschen zu beachten. Ein Moment kann viel bedeuten.

Aber natürlich hat, sich tiefer einlassen auch damit zu tun, dass man dem anderen die Zeit und den Raum gibt, den er oder sie braucht. Die israelische Politikerin Golda Meir sagte einmal: »Als ich Diplomatin wurde, musste ich zuerst lernen, den Mund zu halten – in vielen Sprachen.« Schweigen beinhaltet, dass ich meine Vor-Urteile zum Schweigen bringe. Ich kann einem Menschen nicht wirklich begegnen, wenn ich mir im Vorfeld schon eine feste Meinung gebildet habe, wie er ist. Ein Vor-Urteil verhindert offene Begegnung.

Wenn wir in Distanz zu anderen, zu Gott oder sogar zu unserem eigenen Herzen leben, kann uns nichts passieren. Da sind wir sicher. Aber nur in Nähe, nur bei intimer Begegnung, bei der Empfangen und Geben geschieht, entsteht Leben. Nähe ist immer riskant. Begegnen ist mehr als etwas über einen Menschen oder Gott zu wissen. Begegnung ist Nähe. Wo ich mich auf andere Gedanken einlasse, kann mich das irritieren. Wo ich einen Menschen in mein Herz sehen lasse und Gefühle zeige, kann ich enttäuscht und verletzt werden. Wann immer wir Menschen in die Nähe unseres Herzens lassen, gehen wir ein Risiko ein. Alles, was lebendig ist, kann auch weh tun.

In der Gefahr, uns vom Leben abzuschotten, stehen wir vielleicht besonders bei Menschen, die uns nahe stehen. Man kennt sie so gut, dass man nicht mehr genau hinsieht, weil man glaubt, schon alles über sie zu wissen. Aber selbst die Menschen, mit denen man viel Zeit verbringt, verändern sich im Lauf der Zeit. Dinge, die ihnen früher wichtig waren, bedeuten jetzt nicht mehr so viel. Anderes ist dazu gekommen.

Für eine lebendige Beziehung ist es wichtig, am Ball zu bleiben und mitzubekommen, welche Veränderungen und Entwicklungen sich im Leben des anderen ergeben. Es ist schön, wenn man spürt: Der andere sieht mich nicht als »Inventar« in seinem Leben, das immer gleich bleibt, sondern nimmt mich als lebendigen Menschen wahr, der sich verändert.

Meine Freundin Birgit Schilling, von der das Vorwort zu diesem Buch stammt, hat mir zu Beginn dieses Jahres geschrieben, welche positiven Veränderungen sie im Laufe des vorausgegangenen Jahres an mir wahrgenommen hat. Für mich war es nicht nur sehr ermutigend, zu sehen, dass sich in meinem Leben offensichtlich tatsächlich etwas in die richtige Richtung hin verändert hat. Darüber hinaus ist es mir auch kostbar (»Kostbar« ist ein Wort, das Birgit gern mag), dass ein Mensch mich nicht festlegt und sagt »So ist Kerstin nun mal«, sondern mich offen wahrnimmt. Auch in und mit dem, was sich bei mir verändert.

Ich stelle Menschen gerne Fragen, um zu entdecken, was ihnen wertvoll und wichtig ist. So erfahre ich vieles, aber keinesfalls alles über sie. Aber anderes erschließt sich erst im Laufe der Zeit und in Begegnungen, in denen man etwas erlebt. Da muss man schweigen, warten und Zeit haben, bis sich der andere zeigen will und kann. Entschleunigen, begegnen, wahrnehmen, spüren.

Wer sich auf einen anderen Menschen einlässt, bejaht auch, dass er das Programm nicht mehr ausschließlich selbst bestimmt. Manche Menschen denken: »Ja, ich hätte ja gerne mehr Freunde oder einen Partner, aber ich finde niemanden, der zu mir passt.« Im Grunde meinen sie: »Da ist keiner, der so denkt und handelt und den Geschirrspüler haargenau so einräumt, wie ich es für richtig halte.« Und sie haben Recht. So einen Menschen gibt es nur einmal. Es ist derjenige, dem man begegnet, wenn man morgens in den Spiegel schaut. Und selbst dieser Mensch tut Dinge nicht immer so, wie man das eigentlich will. Den ganzen Tag, oder womöglich gar ein Leben lang einer geklonten Kopie von sich selbst zu begegnen, wäre auch ausgesprochen langweilig. Eine Beziehung wird nicht dadurch lebendig, dass der andere *artig* ist und *artig* das tut, was man von ihm erwartet, sondern dass er *andersartig* ist und *einzigartig* handelt – das gilt für Kinder ebenso wie für Freunde und Lebenspartner.

Ein Haus ist ein Begegnungsraum. Wenn ich mir vorstelle, dass ich einen Menschen in mein »inneres Haus« einlade, dann bedeutet das, dass er sich bei mir wohl und zu Hause fühlen darf. Vielleicht ist es ihm oder ihr nach einer warmen Mahlzeit zu Mute, nach Wärme und Fürsorge. Oder nach Nähe und Geborgenheit. Nach intensiver Kommunikation oder einfach nach Ruhe.

Ich schreibe diese Zeilen im Haus von Freunden. Sie haben mich eingeladen, damit ich in Ruhe schreiben und einfach bei ihnen sein kann. Sie schrieben mir vor einer Weile, dass ihre Kinder aus dem Haus sind und das Gästezimmer auf Besuch wartet. Ich schrieb zurück und bedankte mich für die Einladung – und erhielt daraufhin eine der schönsten E-Mails meines Lebens: »Das war keine Einladung – das war eine *Green Card*«. Eine *Green Card* ist eine dauerhafte Bewilligung zum Aufenthalt, wann immer ich möchte.

Das war an keine Bedingung geknüpft: Wenn du dich anständig verhältst, nicht vor sechs Uhr aufstehst und beim Kochen hilfst. Wie kann man schöner sagen: »Du bist willkommen. Du darfst gerne bei uns sein. Wir wollen dir begegnen und Leben mit dir teilen.« In ihrem Haus kommt es ständig zu Begegnung. Meistens redet man in der Küche oder am großen Esstisch, der voller leckerer Speisen ist, miteinander.

Im Badezimmer erhielt ich eine mütterlich-fürsorgliche Anleitung darüber, wie man Gesichtscreme richtig aufträgt: «Ganz sorgsam und vorsichtig, nicht zu schnell, gegen die Wuchsrichtung der Falten glatt ausstreichen.« Und im Wohnzimmer wird meine Computerausstattung mit technisch versiertem Blick kommentiert: »Du musst einen neuen Treiber installieren. Und am besten besorgst du dir noch...« So viel Veränderung auf einmal ist mein alter Laptop nicht gewohnt. Er zuckt noch einmal kurz auf und entscheidet sich, dass er sich nach zehn Jahren treuer Sklavenarbeit nun für immer verabschiedet – mit dem Ergebnis, dass ich *Spring* jetzt auf dem Computer des 17-jährigen Teenagersohnes weiter schreibe. 25

Begegnung, die geschieht, wenn man eingelassen wird, kann man nicht perfekt durchplanen. Dazu ist Leben zu reich, bunt und vielfältig, die Menschen und ihre Reaktionen zu vielseitig. Manches wird gut laufen, anderes ganz anders als erwartet, manches unerwartet schön. Man kann es nicht vorhersagen.

Es bleibt nur die Wahl, sich auf die Begegnung einzulassen – auf andere zuzugehen und andere in mein Leben einzulassen wie in ein geöffnetes, gastfreundliches Haus. Wenn das geschieht, bleiben wir nicht mehr in der Isolation und Vereinzelung, sondern entdecken das Leben gemeinsam neu.

Fragen zum Weiterdenken

Was war die schönste Begegnung der letzten Wochen? Was habe ich selbst dazu beigetragen, dass diese Begegnung gelungen ist?

....

....

....

Was müsste ich an meinem Verhalten ändern, um anderen Menschen mehr Beachtung schenken zu können?

....

....

....

Wen möchte ich bitten, mich achtsam und liebevoll wahrzunehmen und mir mitzuteilen, was er wahrnimmt?

....

....

....

25

7

Reflektieren

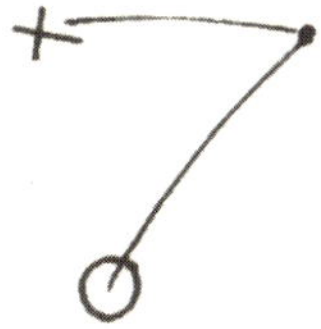

Die besten Reformer, die die Welt je gesehen hat,
sind jene, welche bei sich selbst anfangen.
(George Bernard Shaw)

Wenn man im Sarg liegt, kann man nichts mehr gestalten. Die Hände und alle anderen Gliedmaßen sind unbeweglich. Man kann nichts mehr tun. Es ist zu spät, um das eigene Leben und Handeln zu verändern. Reflektieren und anschließend etwas ändern zu können, ist ein Privileg der Lebenden.

Meine zehn Jahre jüngere Schwester erzählte mir, als sie etwa sechs
Jahren alt war, dass sie eine Bande gegründet habe und die Banden-
chefin sei. Stolz zeigte sie mir ihre Abzeichen. Auf meine Frage, wer 26
denn zu ihrer Bande gehörte, antwortete sie »Ich«. Ihre Reflexionsfä-
higkeit war noch nicht so weit gediehen, dass ihr klar gewesen wäre,
dass das Wesentliche an einem Häuptling nicht die Statussymbole,
sondern die Anhänger sind.

Bei einem Kind ist mangelnde Reflexion noch süß und niedlich. Wir reagieren jedoch genervt oder peinlich berührt, wenn uns ein Erwachsener Ideale vor Augen malt, die meilenweit von der Realität entfernt sind, und nicht in der Lage ist, klar zu reflektieren: »Was müsste ich an mir und meinem Verhalten ändern, damit dieser Traum Realität werden kann?« Wenn der Traum nicht in Erfüllung geht, dann sind im Zweifelsfall immer die Umstände oder die anderen schuld, nie man selbst.

Reflexion, wörtlich »Widerspiegeln« oder »Zurückwerfen«, ist die Fähigkeit, etwas zu betrachten und aus dem Wahrgenommenen Konsequenzen für das eigene Handeln zu ziehen. Anschließend etwas zu verändern, ist der entscheidende Unterschied zwischen Reflexion und Grübeln.

Man kann unendlich lange grübeln, ohne dass irgend etwas Konstruktives dabei herauskommt. Grübler denken: »Ach, hätte ich nur dies und jenes anders getan.« Oder: »Ach, wäre doch nur dies und oder jenes anders!« Reflektierende Menschen fragen: »Was habe ich falsch gemacht? Wieso? Wie kann ich es in Zukunft verändern?« Oder auch: »Was habe ich gut und richtig gemacht? Wie kann ich das, was gut ist, stärken?«

Die Schöpfungsgeschichte berichtet davon, dass Gott selbst reflektiert. Er blickt jeden Tag auf seine Arbeit zurück, beurteilt, was er getan hat und kommt zu dem Ergebnis: »Es war gut!« Und er zieht die Konsequenz: »Hier muss ich nichts ändern. Ich kann eine Pause machen.« Wäre das Ergebnis seiner Analyse negativ ausgefallen: »Es war nicht gut!«, hätte er sicher das eine oder andere Detail der Schöpfung noch korrigiert.

Reflexion trägt dazu bei, dass wir das Leben meistern können. Wenn man nach der Reflexion zu einer positiven Bewertung des eigenen Handeln kommt, spendet dies Lebensenergie und gibt Kraft zum Weitermachen. Und wenn das Reflektieren zeigt, dass das eigene Handeln suboptimal war, wie Ex-Bundeskanzler Gerhard Schröder es einmal formulierte, ist das ebenfalls eine gute Erkenntnis. Es gibt einem die Möglichkeit, etwas zu verändern und die richtigen Maßnahmen einzuleiten, die eher zum gewünschten Ziel führen.

Wer gut reflektieren will, braucht klare, erreichbare Ziele und die Bereitschaft ehrlich zu beurteilen, ob man mit den augenblicklich getroffenen Maßnahmen diesen Zielen in dem gewünschten Zeitraum näher kommt. Eine Freundin erzählte mir, dass ihr Bruder immer davon spricht, wie die Mitglieder einer idealen Familie sich füreinander aufopfern und jeder alles für die anderen tut. Es ist offensichtlich, dass das Verhalten der Familienmitglieder noch nicht seinen Idealen entspricht. Jedoch ist er nicht in der Lage zu beurteilen, ob seine hohen Ideale tatsächlich umgesetzt werden können und wo vielleicht sein eigenes Verhalten von den Maßstäben abweicht, die er anderen vor Augen malt. Das führt dazu, dass er von allen anderen erwartet, ihr Verhalten zu verändern und zu verbessern. Sich selbst ausgenommen.

Solche Menschen sind im besten Fall amüsant, meist nervig und im schlimmsten Fall sogar gefährlich, wenn sie, wie z. B. Marx und Engels, Millionen von Menschen ein Ideal von gerechter Verteilung von Gütern vor Augen malen, selbst aber luxuriös von dem Reichtum leben, den sie mit der Ausbeutung von Arbeitern in den Baumwollfabriken Manchesters verdient haben. Wie sähe die Welt heute aus, hätten Marx und Engels sich konkret in ihrem Umfeld dafür eingesetzt, Reichtümer gerechter zu verteilen und für bessere Arbeitsbedingungen zu sorgen, statt Utopien zu propagieren?

Menschen, die unrealistische Ideale verfolgen, verpassen letztlich das Leben, das sie leben könnten, weil sie nicht in er Lage sind, den Abgleich mit dem echten Leben so zu gestalten, dass konkrete Schritte der Veränderung sichtbar und möglich würden. Noch schlimmer sind die Idealisten, die eifrig ihre Ziele verfolgen, aber nie darüber reflektieren, ob die Mittel und Wege, die sie zum Erreichen ihrer Ziele wählen, dem Ziel tatsächlich dienen. Wenn man über Leichen gehen muss, um eine traumhafte Lebenswelt zu gestalten, ist etwas grundverkehrt.

Viele der Menschen, die tatsächlich Gutes in der Welt hinterlassen haben, waren Menschen, die sich regelmäßig Zeit zur Reflexion nahmen: Jesus und Gandhi, Bonhoeffer, Mutter Theresa, Nelson Mandela – sie alle hatten oder haben es zu ihrem Lebensstil gemacht, das eigene Leben regelmäßig zu überprüfen und schöpften daraus Kraft zum engagierten Handeln. Wer die Welt verändern will, muss bei sich anfangen. Und das geht nur, wenn man erst einmal hinsieht, beurteilt und dann entscheidet, was verändert werden soll.

Klare Reflexion über das eigene Handeln, gibt Kraft auf Kurs zu bleiben. Jemand der reflektiert, wird nicht gelebt, sondern beurteilt sein Handeln immer wieder auf Grund seiner Werte und steuert es bewusst.

Er kommt seinen Träumen und Wünschen Schritt für Schritt näher, weil er sich konkret überlegt, was er als nächstes tun kann, um diese Ziele auch zu erreichen. Reflexion kostet Zeit und Mühe. Aber es lohnt sich, weil man den Kraftverlust durch Irrwege vermeidet und statt dessen den Weg, den man gewählt hat, kraftvoll gehen kann.

Hinsehen

Wenn ich acht Stunden Zeit hätte um einen Baum zu fällen,
würde ich sechs Stunden die Axt schleifen.
(Abraham Lincoln)

Der Kern der Reflexion ist das eingehende Betrachten. Bei meinen Freunden im Bad hängt einer dieser beleuchteten Vergrößerungsspiegel. Wenn ich dort hinein sehe, entdecke ich jedes kleine Fältchen im Gesicht, jede Unreinheit und jeden Krümel im Mundwinkel. Blicke ich in diesen Spiegel, dann sehe ich mir nicht nur an, was tatsächlich da ist, sondern vergleiche es gleichzeitig mit dem Bild, das ich von mir habe. Ich habe ein inneres Bild, wie ich aussehen möchte: ohne freche Härchen außerhalb des Wimpernbogens, ohne Krümel im Mundwinkel und mit porentief reiner Haut.

Also vergleiche ich das reale Bild mit dem gewünschten Bild und handle. Wo es im Rahmen meiner Möglichkeiten liegt, verändere ich mich: hier zupfe ich ein Härchen aus und versuche mit Gesichtswasser und sonstigen Tricks die Spuren der Zeit zu verwischen, wo ich sie schon nicht auslöschen kann. Kurz: Ich versuche, das, was ist, an das anzunähern, was ich sehen möchte. Das ist das Wesen der Reflexion.

Es kostet Mut, sich selbst ehrlich zu betrachten – vor allem dann, wenn es nicht um äußere Dinge wie ein paar Fältchen, sondern auch um tiefer liegendes Verhalten geht.

Vor einer Weile träumte ich eines Nachts, dass ich leichtfüßig, heldinnenhaft und ohne großes Zögern einige hundert Menschen vor einer lebensbedrohlichen Flut rettete. Im Traum war das kein Problem für mich. Anschließend wollte mir jemand zeigen, wie man einen Spiegel an einer komplizierten Wand anbringt – ich habe im Traum die Flucht ergriffen und beim Aufwachen über mich selbst geschmunzelt.

Zumindest für Menschen mit meinem Temperament erfordert es weit weniger Mut, etwas tatkräftig anzupacken und schnell mal ein paar hundert Leute zu retten, als sich vorsichtig um Details zu kümmern und achtsam den Bohrer an die richtige Stelle zu setzen.

Reflexion bedeutet hinsehen: Wie verhalte ich mich? Worin bestehen meine Stärken und Schwächen? Was kann ich gut? Was fällt mir schwer? Was hat mich geprägt? Was ist mir wichtig? Wo gibt es Unterschiede zwischen dem, wie ich sein möchte und dem, wie ich mich tatsächlich verhalte?

Natürlich kann man das auch übertreiben. Es gibt Menschen, die so viel über sich selbst nachdenken, dass sie nie zum Handeln kommen. Statt aus der Selbstbetrachtung Impulse für das Gestalten ihres Lebens zu nehmen, schützen sie sich durch beständiges Nachdenken über sich selbst davor, aktiv werden zu müssen. Sie können bis ins letzte Detail erklären, welche schmerzhafte Kindheitserfahrung Auslöser für ihr jetziges eingeschränktes Verhalten ist, aber unternehmen nichts, um etwas daran zu verändern. Die Wahrheit liegt – mal wieder – in der Mitte. Weder im blinden Aktionismus noch in der beständigen Nabelschau ist die Kraft für sinnvolle Veränderung zu finden, sondern im konstruktiven Betrachten und anschließend im konkreten, sinnvollen Handeln.

Selbstbewusstsein heißt: Sich über sich bewusst sein, Zugang zu sich selbst haben. Das hat nichts mit Einbildung zu tun, sondern vielmehr mit einer inneren Stärke, die daher kommt, dass man weiß, was man kann und was man nicht kann. Das gibt Sicherheit und Stärke. Weil jedoch keiner von uns so ist, dass er von sich behaupten kann, dass er sein Leben optimal lebt und mit allen Fasern seines Seins lebendig ist, brauchen wir Zeiten, in denen wir uns ansehen, was gut ist – und was uns noch fehlt.

»Ansehen« kann man etwas mit allen Sinnen. Der Cellist Jan Vogler beschrieb in einem Interview, bei dem ich anwesend war, dass er ein Klangbild vor Ohren hat, ein Ideal, wie ein Stück klingen soll – und dann so lange übt, bis sein Cellospiel dem gewünschten Klang immer näher kommt. Mit anderen Worten: Er hat ein Bild vor Augen – oder in dem Fall vor Ohren – und dann hört er sich an, wie sein eigenes Cellospiel klingt und übt und übt, bis sein eigenes Spiel dem Gehörten näher kommt. Oh, das was ich gerade geschrieben habe, weckt in mir den Wunsch, Cello zu hören... ich werde gleich eine CD einlegen und die Pause für ein bisschen Bewegung nutzen. 27

Bilder prägen. Es beeinflusst uns, wenn wir ständig Bilder von Gewalt, Depression und Hoffnungslosigkeit betrachten, wir uns sensationslüstern eine Katastrophennachricht nach der anderen ansehen oder uns alle möglichen Horrorszenarien innerlich vor Augen malen. Was wir sehen, wirkt sich auf uns aus, weil das Gesehene Handlungsoptionen aufzeigt. Deshalb macht es Sinn, ganz konkrete Vorstellungen, genauer gesagt innere Bilder dafür zu entwickeln, wie wir sein und handeln möchten und statt der angsterzeugenden Bilder besser diese Bilder zu betrachten.

Das ist keine Flucht vor der Realität, sondern Entwickeln einer Vision für eine geänderte Realität. Wenn man eine Vision von dem entwickeln will, was man im eigenen Leben verändern möchte, ist es wichtig, nicht so sehr auf das zu sehen, was man nicht will, zum Beispiel: »Ich will nicht ärgerlich, dick oder nachtragend sein.« Nicht mehr so oder so sein zu wollen, baut innerlich nur Druck auf und hilft selten weiter.

Wer etwas motiviert anpacken will, braucht ein klares, positiv formuliertes Bild dessen, was er entwickeln möchte. Zum Beispiel: »Ich möchte Menschen meine Erwartungen klar mitteilen.« Oder: »Ich möchte schlank und beweglich sein.« Es ist gut, sich das in allen Facetten vor Augen zu malen: »Wie verhalte ich mich, wenn ich so bin? Was mache ich dann anders als ich es jetzt tue?«

Vor einer Weile habe ich mir einmal die Zeit genommen, aufzuschreiben, welche meiner Verhaltensmuster ich nicht mag, weil ich sie für wenig lebensspendend halte. Am Ende hatte ich eine lange Liste mit etwa zwanzig Punkten. Puh!

Da es nur wenig motivierend und kraftspendend ist, gegen etwas zu arbeiten, zum Beispiel gegen ein negatives Verhaltensmuster, habe ich mir anschließend überlegt: »Wie möchte ich statt dessen reagieren? Wie möchte ich mich statt dessen verhalten?« Die Antwort auf diese Fragen habe ich auf zwanzig Karteikarten geschrieben.

Täglich sehe ich mir eine, zwei oder drei dieser Karten an und lese, was darauf steht, und male mir das vor Augen. Heute steht da zum Beispiel »Ich singe ein Lied der Freude über das Leben.« Nein, das tue ich nicht immer. Häufig vergesse ich, dass man das Leben jubelnd besingen kann. Das ist das derzeit »reale« Bild. Aber ja, es stimmt auch: Das will ich werden. Eine Frau, die lebendig ist und sich so sehr am Leben freut, dass sie immer öfter singend durchs Leben läuft. Ich nehme mir Zeit, mir das Bild dessen, wie ich mich verhalten möchte, vor Augen zu malen.

Schon beim Nachdenken lächle ich. Ja, ich will mich am Leben freuen. Es macht Spaß, durch die Straßen meiner Stadt zu laufen und zu singen. Mich hat mal ein völlig unbekannter Mann mitten in der Nacht auf einen Kaffee eingeladen, weil ihm noch nie jemand begegnet ist, der nachts um zwei singend durch die Straßen läuft. Warum auch nicht? Natürlich nicht so laut, dass es jemanden stört. Ich habe – weil ich nachts um zwei auch ein bisschen schüchtern sein kann – abgelehnt und den Kaffee und den Mann verpasst. Aber die Erinnerung bringt mich zum Lächeln. Ja, es tut mir gut, wenn ich mich am Leben freue und singe.

Ich bitte Gott, mich bei diesem Prozess zu unterstützen und überlege, wie ich das heute konkret tun kann. Vielleicht werde ich nachher noch ein wenig nach draußen gehen und tatsächlich ein Lied der Freude singen. Ich male mir vor Augen, wie ich mein Leben gestalten und wie ich mich verhalten möchte: »Ja, so will ich sein.«

Der Erfolg dieses Vorgehens gründet sich schlicht und ergreifend auf die Tatsache, dass Hirnzellen schon durch die Vorstellung aktiviert werden und die für neue Verhaltensmuster nötigen Nervenverbindungen schon dadurch gebildet werden, dass man sich vorstellt, wie man gut reagieren will. Sportler zum Beispiel trainieren Bewegungsabläufe auch dadurch, dass sie sich vorstellen, etwas zu tun oder fahren Strecken in Gedanken ab. Meine Freundin Rosemarie hat blind tippen dadurch gelernt, dass sie sich intensiv vorgestellt und eingeprägt hat, wie sie ihre Finger auf der Tastatur bewegen muss. Als sie dann das erste Mal tatsächlich vor einer echten Tastatur saß, konnte sie es mühelos.

Allein die Vorstellung etwas zu tun, bewirkt Veränderung in unserem Hirn und Körper. Sie glauben mir nicht? Stellen Sie sich mal vor, sie müssten jetzt ihre Steuererklärung erstellen, vorher noch alle Belege sortieren und noch zehn Ämter anrufen, um verschiedene Bescheinigungen zu organisieren. Malen Sie sich die Situation einen Moment lang aus. Spüren Sie, wie das Ihr inneres Empfinden beeinträchtigt?

Und stellen Sie sich nun vor, Sie würden jetzt an einem warmen Sommertag am Strand liegen, die Wellen hören, ein schönes Buch lesen (Oh, das tun Sie ja bereits) und einen oder mehrere liebe Menschen in Ihrer Nähe haben. Ich vermute, dass sich Ihr Körper und Ihr Inneres bei den beiden unterschiedlichen Vorstellungen verschieden angefühlt hat.

Mir etwas konkret vorzustellen, führt dazu, dass die Kräfte, die ich brauche, um die Handlung tatsächlich auszuführen schon mal aktiviert werden. Allein die Vorstellung entspannt und verändert unser Körpergefühl. Wenn ich mir vorstelle, wie ich auf bestimmte Situationen anders als bisher reagieren könnte, dann hat das nichts mit mentaler Manipulation oder irgendwelchen schrägen Psychotechniken zu tun.

Es hat vielmehr damit zu tun, dass Bilder unser Verhalten geprägt haben. Wenn wir ein Leben lang gesehen haben, wie unsere Eltern wegen jeder Kleinigkeit aus der Haut gefahren sind, dann sehen wir in ähnlichen Situationen nur diese eine Option zu handeln. Und wenn wir nur diese eine Möglichkeit sehen, dann fällt es uns schwer, etwas anderes zu tun.

Eine Freundin erzählte mir kürzlich, ihr Vater habe jede Entscheidung zu einer unendlich komplizierten Angelegenheit gemacht und unendlich lange überlegt, ob zum Beispiel eine Freundin bei ihr übernachten kann. Obwohl sie sein Verhalten als nicht nachahmenswert empfindet, tut sie bei Entscheidungen genau dasselbe: Sie grübelt unendlich lange darüber nach, statt sich in angemessener Zeit zu entscheiden. Schlicht und ergreifend deshalb, weil sie nie etwas anderes gesehen hat.

Weil uns bestimmte Vorbilder und Verhaltensweisen geprägt haben, stärkt es uns, Menschen zu beobachten, die ganz anders handeln. So wie man selbst lieber handeln möchte. Das hilft uns, ein Bild dessen zu entwickeln, wie wir selbst auch handeln könnten.

Ich nehme mir deshalb nicht nur Zeit, mir vor Augen zu malen, wie ich selbst anders handeln möchte, sondern betrachte das Leben von Menschen, die Vorbilder für mich sind. Mutter Theresa, die kleine Nonne aus Kalkutta, die sich täglich Zeit zum Beten und Reflektieren nahm und darin Kraft für die Begegnung mit Menschen fand, denen sie liebevoll diente. Oder Martin Luther King, der den Mut hatte, aufzustehen und für das einzustehen, was ihm wichtig war oder Shane Claiborne, der in den Slums von Chicago lebt und sein Leben mit den Armen teilt. Und natürlich Jesus. Ich versetze mich in die Geschichten über ihn hinein, als wäre ich selbst dabei gewesen. Ich stelle mir vor, wie er mit Menschen umgegangen ist, wie er sie angesehen hat. Oder auch wie er sie liebevoll aber klar auf Verhaltensmuster hingewiesen hat, die Leben verhindern und ihnen einen anderen Weg zum Leben gezeigt hat.

Was ich ansehe, prägt mich. Und weil ich Tag für Tag ein Stück lebendiger werden möchte, sehe ich mir an, wie das Lebendigsein ganz konkret aussieht. Heute, morgen und auch langfristig: Kerstin mit 70 als fröhliche alte Dame, die noch agil ist und auf Bäume klettert und in deren Haus und Garten Menschen, die eine Tasse Tee, ein Ohr zum Zuhören brauchen; und Kinder, die einen Garten zum Spielen und Fensterscheiben zum Zerschießen brauchen, ein und ausgehen. Und Leben finden.

Fragen zum Weiterdenken

Wenn ich mich selbst wohlwollend betrachte: Was an mir empfinde ich als gut und lebensspendend?

Wie wünsche ich mir (mehr) zu sein? Wie sieht das konkret aus?

Wie würde sich mein Leben verändern, wenn ich mir regelmäßig Zeit zur Reflexion nehme? Was würde sich konkret verbessern?

Übung

Malen Sie ein Bild von sich (in Worten oder als Zeichnung): So soll mein Leben aussehen. Nehmen Sie sich Zeit, es zu betrachten.

Bewerten

Wenn etwas nicht funktioniert, dann mache etwas anderes.
(Steve de Shazer)

Puh! Ob das so eine gute Idee war? Ich entschied mich, während das Mittagessen schon im Ofen brutzelte, die geniale Fitnessmaschine meiner Freunde auszuprobieren. Es ist eines dieser Geräte, bei denen man mit den Füßen treten und gleichzeitig mit den Armen rudern muss. Und weil das gute Stück auch noch den Kalorienverbrauch anzeigte, habe ich mir zum Ziel gesetzt, bis zum Mittagessen 500 Kalorien zu verbrennen. Nach einer schweißtreibenden Viertelstunde, die mir den angezeigten Verlust von genau 360 Kalorien bescherte, wurde ich zum Essen gerufen. Ich musste ich mich entscheiden, ob ich verbrannte Kalorien oder verbrannten Toast bevorzuge. Ich entschied mich, auf das Verbrennen weiterer 140 Kalorien zu verzichten und statt dessen mein Essen zu genießen.

Die Philosophie beschreibt Reflexion als prüfendes und vergleichendes Nachdenken. Was prüfen wir, wenn wir reflektieren? Im Grunde genommen überprüfen wir unsere Ziele und die Mittel, die wir dafür einsetzen. Wie der TÜV, der den »So soll es sein«-Zustand eines Autos mit dem »So ist die Schrottkarre tatsächlich drauf« vergleicht. In meinem Fall hat die Reflexion ergeben: Mein Ziel war unrealistisch. Es war angesichts der vorhandenen Zeit und erforderlichen Körperkoordination zu hoch bemessen. Das nächste Mal weiß ich es besser. 500-600 Kalorien könnten zu schaffen sein, aber nur wenn ich eine halbe Stunde Zeit habe.

Um etwas bewerten zu können, ist es hilfreich, die eigenen Werte zu kennen und das, was zu bewerten ist, aus dieser Perspektive zu betrachten. Manchmal ist das bei anscheinend kleinen Dingen nicht wirklich klar. Was sind meine Werte in Bezug auf Schokolade, Telefongespräche, E-Mails, Arbeitsstile, konkrete Anfragen?

Es kann, wenn wir uns überlegen, was wir in einer konkreten Situation tun wollen (z. B. ins Theater gehen oder faul zu Hause bleiben?) manchmal hilfreich, sich zu fragen: »Was heißt das grundsätzlich?

Welche Konsequenzen hätte diese Handlung, wenn ich immer so handelte?« Wenn zum Beispiel die Entscheidung immer zu Gunsten des Faulseins ausfallen würde, hätte das zur Konsequenz, dass mir langfristig Inspiration fehlt. Oder wenn ich zum Beispiel nicht nur dieses eine Mal, sondern immer eine Tüte Chips beim Fernsehen esse, kann ich mir die Folgen ausmalen. Es ist auch leicht möglich, sich vorzustellen, welche Folgen es hätte, wenn man seinen Kindern nicht nur dieses eine Mal, sondern immer sagen würde: »Ich habe jetzt keine Zeit für dich.« Das Nachdenken darüber, was geschehen würde, wenn ich etwas »immer« tun würde, kann eine Hilfe dabei sein, eine gute Entscheidung für das aktuelle »einmal« oder »jetzt« zu finden.

In Situationen, bei denen man dazu neigt, sich selbst etwas vorzumachen, hilft es, auf Distanz zu den eigenen Gefühlen und Gedanken zu gehen. Manchmal ist es leichter, ehrlich mit sich selbst zu werden, wenn man sich in die Rolle eines externen Beraters hinein versetzt. »Wenn ich Berater wäre, wie würde ich die Situation, in der ich gerade bin, bewerten?« Man kann natürlich auch einen vertrauten, ehrlichen Menschen fragen: »Wie bewertest du mein Handeln in dieser Situation? Verhalte ich mich gut und richtig oder sollte ich (an meinem Verhalten) etwas ändern?

Reflexion erfordert Ehrlichkeit. Manchmal sagen Menschen, wenn sie ein Ziel nicht erreicht haben, schnell: »Na ja, das wollte ich ja ohnehin nicht wirklich!« Ein Freund erzählte mir, dass er sich bei Bewerbungen manchmal nicht anstrengt. So ist der Frust geringer, wenn er abgelehnt wird, weil er sich dann immer noch sagen kann: »Ich hab mich ja nicht richtig angestrengt.« Als Ziel gibt er an, sich erfolgreich zu bewerben. Aber sein wahres Ziel ist, Frust zu vermeiden.

Wenn man etwas bewerten will, ist es wichtig, sich zu fragen: Ist das Ziel, das ich nenne, mein tatsächliches Ziel? Leuchten meine Augen, wenn ich davon erzähle? Empfinde ich Leidenschaft dafür? Darf es mich etwas kosten? Ist das Ziel mit den Mitteln, die mir zur Verfügung stehen, zu erreichen? Bin ich bereit, diesen Einsatz zu leisten?

Echte, auch emotional gefühlte Ziele setzen Energien frei, während Ziele, zu denen man sich verpflichtet fühlt oder die einem von außen aufgedrängt werden, häufig nur Druckgefühle auslösen. Ziele, die keine eigenen, verinnerlichten Ziele sind, kann man einerseits daran erkennen, dass sie nur wenige positive Emotionen wecken.

Andererseits kann man, wenn man sich selbst achtsam zuhört, auch einiges heraushören. Sätze wie: »Ich sollte…, es wäre gut wenn…, ich müsste…«, können Anzeichen dafür sein, dass der wirkliche Antrieb für eine Sache fehlt. Es klingt anders, leidenschaftlicher und man hört mehr Worte wie: »Ich will…, ich möchte…, ich träume davon…, es begeistert mich…«, wenn Menschen von starken, verinnerlichten Zielen reden. Man sieht, dass ihre Augen leuchten und ihre Kraft beim Erzählen wächst.

Kürzlich habe ich während einer Reflexionsphase festgestellt, dass etwas, was ich als Traum bezeichnet habe, gar kein echter Traum war. Es war lediglich eine gute Idee, aber kein Traum. Echte Träume »muss« ich verfolgen und umsetzen, sonst bin ich mir selbst nicht treu. Gute Ideen kann ich umsetzen, wenn es sinnvoll ist und ich die Zeit und Kraft dafür habe, aber ich muss es nicht tun. Es war für mich befreiend, zu erkennen: Das Projekt, was mir vorschwebt, ist »nur« eine gute, ja sogar sehr gute Idee. Ich kann frei entscheiden, ob ich sie verwirklichen will.

Manche Menschen wählen gar nicht die falschen Ziele, sondern schlicht und ergreifend zu viele davon, die sich miteinander nicht vereinbaren lassen und ihnen dann die Kraft rauben. Ein Sprichwort sagt: »Der Fuchs, der zwei Hasen jagt, wird keinen von beiden fangen.« Nur, wer sich auf eine Sache konzentrieren kann, kann sie erfolgreich durchführen. Es ist unmöglich, gleichzeitig mehreren Dingen volle Aufmerksamkeit zu schenken. Man setzt seine Kraft dann am effektivsten ein, wenn man sie auf ein klares Ziel ausrichtet.

Es ist nicht nur wichtig, zu bewerten, was man tut (Was ist mir wichtig? Was sind meine Werte? Entspricht das, was ich gerade tue, meinen Zielen und Werten?), sondern sich auch konkret zu fragen, wie man es am besten tut. Oder anders gefragt: Führen die Mittel, die man wählt, auch zum gewünschten Ziel? (Siehe auch Teil 1 dieses Kapitels).

Die meisten Eltern zum Beispiel wollen ihren Kindern gute Eltern sein. Das ist ein Wert für sie. Aber sie machen sich nicht die Mühe, zu überlegen, ob das für sie bedeutet; dass sie ihnen viel zuhören, häufig etwas mit ihnen unternehmen, ihnen große Freiräume geben oder eher klare Regeln. Ob sie bei anstehenden Aufgaben eher unterstützt werden sollen oder ob man lieber selbständiges Arbeiten fördern will.

Sie überlegen sich nicht konkret, was ihr Ziel »gute Eltern zu sein« konkret für die Gestaltung von Freizeit und Alltag bedeutet. Das führt dazu, dass sie nur eine vage Vorstellung, aber kein klares, kraftvolles Bild vor Augen haben, welches sie bei Planungen und Entscheidungen leitet.

Wer seine Ziele und Werte kennt und sich konkret überlegt hat, wie er sie erreichen möchte, kann im Alltag kraftvoller handeln. Das gilt natürlich nicht nur für Eltern, sondern für jeden Bereich des Lebens, sei es das persönliche Wachstum, Beziehungen, Arbeit, Weiterbildung usw.

Wenn wir entweder unsere Werte nicht kennen oder uns das Bild davon fehlt, wie die Umsetzung dieser Werte aussieht, ist die Gefahr groß, dass wir gelebt werden, statt unser Leben zu gestalten. Wir alle neigen dazu, uns von dem, was gerade ansteht, prägen zu lassen und darüber das zu vernachlässigen, was uns am wichtigsten ist.

Der Autor Steven Covey[26] vergleicht an Werten orientiertes Verhalten mit einem Gefäß, in das man große Steine, kleinen Kies und feinen Sand füllen soll. Das Gefäß symbolisiert die Zeit, die man zur Verfügung hat und die Größe der Steine steht für die Wichtigkeit der Aktivitäten – große Steine symbolisieren Aktivitäten, die besonders wichtig sind und den eigenen Werten entsprechen.

Füllt man das Gefäß zuerst mit dem zeitraubenden »Kleinkram«, den unwichtigeren Dingen, wird es unmöglich, die großen, Wert schaffenden Aktivitäten noch unterzubringen. Räumt man jedoch den Dingen, die einem wichtig sind, den ersten Platz ein, dann findet man in den Zwischenräumen noch genug Platz um die weniger wichtigen Dinge unterzubringen oder man stellt fest, dass man gut auf sie verzichten kann.

Covey selbst achtete als Vater von neun Kindern beispielsweise sehr 28
darauf, dass er sofort zu Schuljahresbeginn alle wichtigen Termine von Schulfesten etc. erfuhr. Es war ihm wichtig, bei den besonderen Anlässen seiner Kinder anwesend zu sein (»großer Stein« – großer Wert). Erst anschließend legte er seine geschäftlichen Termine fest (»kleinere Steine« – geringerer Wert). Er will seinen Kindern nicht nur das geben, was an Zeit neben allem anderen noch übrig bleibt, sondern plant bewusst Zeiten für sie ein und zeigt ihnen damit: »Du bist mir sehr wertvoll.«

[26] Die 7 Wege zur Effektivität. Prinzipien für persönlichen und beruflichen Erfolg, Gabal, 2005.

Es tut gut, sich ab und zu mit dem Terminkalender hinzusetzen, sich anzusehen, was man in der vorausgegangenen Zeit getan hat und dann ehrlich zu reflektieren, ob das, was man tut, den Zielen entspricht, die man hat.

Habe ich mir die Zeit für das genommen, was mir wichtig ist? Wenn nein: Was hat seinen Platz eingenommen? Wie kann ich in Zukunft dafür sorgen, dass sich das ändert?

Es ist wichtig dabei neben dem »Was« (Was tue ich? Tue ich das Richtige?) auch über das Vorgehen, kurz, das »Wie«, zu reflektieren: Handle ich effektiv? Erreiche ich mit dem, was ich tue das Ziel, das ich erreichen möchte? Könnte ich auch anders handeln? Welche Möglichkeiten gibt es noch?

Blinder Aktionismus führt meist weniger weit, als überlegtes Handeln. Irgendetwas zu tun ist häufig meilenweit davon entfernt, das Beste zu tun. Rund um die Uhr und fast ohne Pause zu lernen, hat kaum jemals zu Erfolg bei Prüfungen geführt. Auch radikale Abmagerungskuren führen meist nur dazu, dass man hinterher ebenso schnell und erfolgreich das Ursprungsgewicht wieder herstellt oder gar übertrifft. Ein Mann wird kaum das Herz einer Frau erobern können, wenn er von morgens bis abends arbeitet – selbst wenn er es »für sie« tut. Oder Leiter, die ständig beschäftigt sind, weil sie alles in den Händen halten und managen wollen, erreichen langfristig in der Regel weniger als Führungskräfte, die ihre Mitarbeiter gut trainieren und bevollmächtigen.

Das Dumme ist, wir alle haben diesen eingebauten Mechanismus: Wenn etwas nicht gut funktioniert, verdoppeln wir unsere Anstrengungen, bemühen uns noch mehr und arbeiten noch härter, um das Ziel zu erreichen. Der Partner hört nicht richtig zu, also reden wir noch mehr und noch lauter. Das Auto springt nicht an, also versuchen wir umso eifriger, den Zündschlüssel im Schloss zu drehen. Man ist schon zu spät dran und wird noch hektischer und verliert durch die Schusseligkeit, die sich unweigerlich einstellt, noch mehr Zeit. Man hat Prüfungsangst und paukt noch mehr und bekommt noch weniger auf die Reihe.

Wenn eine Handlungsweise nicht zum Ziel führt, ist es nicht sinnvoll, die Anstrengungen zu verdoppeln. Statt weiterzuhetzen, kann man auch anhalten.

Es fordert Mut, das Tempo der eigenen Aktivität zu drosseln, eine Situation zu bewerten und sich einzugestehen: »So wie ich das hier mache, komme ich nicht weiter.«

Reflektieren eröffnet neue Perspektiven: »Das, was ich bisher getan habe, hat nicht zum Ziel geführt – Was könnte ich statt dessen tun?« Wenn man dann weiß und sich entschieden hat, was man anpacken möchte, kann man es mutig und gelassen angehen.

Fragen zum Weiterdenken

Was habe ich heute gut gemacht? Was genau an meinem Handeln war gut? Welche meiner Werte habe ich ausgelebt?

....

....

....

Was sind die drei Werte, die mir für mein Leben am wichtigsten sind? In welchem Lebensbereich fehlt mir ein konkretes Bild davon, wie die Umsetzung meiner Werte aussieht? Was wäre der erste Schritt dazu, eines zu entwickeln?

....

....

....

Wenn ein liebevoller Berater mein Leben betrachten würde: In welchem Bereich/welchen Bereichen meines Lebens würde er mich ermutigen, meine Werte klarer umzusetzen?

....

....

....

Entschieden handeln

Einer musste ja schließlich damit anfangen.
(Sophie Scholl)

Reflexion kostet Zeit. Anfänglich. Langfristig spart gute Reflexion extrem viel Zeit und Kraft und schützt uns vor dem Verlust von Zeit, Geld und Beziehungen durch unüberlegtes Handeln. Reflexion ist sehr bereichernd. Wer kann schon abschätzen, wie viel Gutes für die Menschheit durch klare Reflexion entstanden ist?

Weil Reflexion »widerspiegeln« bedeutet, bleibt sie unvollständig, wenn sie keine Rückwirkung auf das eigene Leben hat. Die beste, intensivste und umfassende Reflexion nützt nichts, wenn daraus keine Konsequenzen für das eigene Handeln gezogen werden. Wenn man nur weiß, was man besser machen kann, es aber nicht tut, dann übt man sich lediglich im Grübeln und Theoretisieren. Wer nicht anders handeln will, kann sich das Denken und auch das Reden über Dinge, die er ohnehin nie tun wird, sparen – es wirkt dann wie die Stammtischreden der Weltverbesserer.

Unsere Welt sähe anders aus, wenn nur ein Bruchteil der Energie, die in Gespräche darüber, was »man« tun sollte in Überlegungen investiert würde, was »ich« tun will und werde. Die meisten Besserwisser sind nur selten Bessermacher. »Gut gemacht ist besser als gut gesagt«, hat Benjamin Franklin wirklich gut gesagt. Menschen wie Sophie und Hans Scholl sind nicht dadurch bekannt geworden, dass sie sich Gedanken darüber gemacht haben, was man anders tun sollte, sondern dafür, dass sie konkret etwas gegen ein totalitäres Regime unternommen haben.

Die wenigsten von uns werden in die Geschichtsbücher als Menschen eingehen, die es gewagt haben, politischen Diktatoren die Stirn zu bieten, so wie Sophie und Hans Scholl es taten. Aber jeder und jede von uns kann aktiv im eigenen Leben und Umfeld gegen die inneren und äußeren Gewaltherrscher, die einem selbst und anderen das Leben rauben, angehen.

Ich möchte dafür bekannt sein, dass ich den Tod bekämpfe, wo immer er mir begegnet und alles, was ich kann, dazu beitrage, dass das Leben gefördert wird. Ich will mit allen Fasern meines Seins lebendig sein. Und ich will und werde es nicht zulassen, dass falsche Denk- und Handlungsmuster mir das Leben rauben. So gut ich kann, will ich dazu beitragen, dass andere Menschen loswerden können, was sie am Leben hindert.

Dazu brauche ich Reflexionszeiten: Ich brauche ein klares Bild dessen, wie Leben für mich aussieht, welche emotionalen, praktischen und finanziellen Möglichkeiten ich habe und welche Möglichkeiten mir derzeit nicht offen stehen. Das erfordert, auch ein stückweit in Distanz zu sich selbst zu gehen und das eigene Leben wie von außen zu betrachten, so als ob man sein eigener Berater wäre: Was habe ich gut gemacht? Was nicht? Wie definiere ich gut oder schlecht? Was ist für mich erfolgreich? Was wollte ich erreichen? Was habe ich tatsächlich erreicht? Nach der Bestandsaufnahme kann ich klarer bewerten, ob mein derzeitiges Handeln mich zu diesem Ziel führt und dann eine klare Entscheidung treffen, wie ich weiter handeln will.

Wenn ich auf ein Jahr zurückblicke, dann sind besondere Reflexionszeiten für mich immer wie Meilensteine. In diesen Zeiten halte ich Rückblick und stelle die Weichen für die kommende Zeit. Neben regelmäßigen »kleinen« Reflexionszeiten im Alltag und gelegentlichen intensiven Reflexionszeiten mit Freundinnen, nehme ich mir ein bis zwei Mal im Jahr ein Wochenende lang Zeit, um offene Fragen zu bedenken, inneren Ballast abzuwerfen und mich auf die Zeit, die vor mir liegt, auszurichten.

Für mich ist die beste aller Fragen, nach guter, klarer Reflexion über das Vergangene konkret zu überlegen: »Was werde ich jetzt (anders) tun?« Sie richtig zu beantworten, setzt voraus, dass ich mich und meine Stärken und Schwächen halbwegs realistisch einschätzen kann. 29
Manches kann ich tun. Anderes kann ich nicht tun, weil mir dazu das Wissen, die Kraft oder die Kontakte fehlen oder weil es mich unverhältnismäßig viel Energie und Zeit kosten würde.

In einigen Jahren werde ich vielleicht in manchen Bereichen Kompetenzen haben und Dinge tun können, zu denen ich jetzt nicht in der Lage bin. Aber jetzt geht es noch nicht. Ein realistisches Bild der eigenen Fähigkeiten und Grenzen hilft, die Anfragen, die das Leben an uns stellt, klar zu beantworten und nicht zu schnell »Ja« zu sagen und anschließend völlig überfordert zu sein. Dieses klare Bild hilft allerdings auch, Herausforderungen nicht prinzipiell auszuweichen, weil man sich etwas nicht zutraut.

Wenn ich weiß, was ich theoretisch tun kann, überlege ich weiter: »Was kostet es mich, so zu leben und zu handeln?« Und: »Bin ich bereit, so viel zu investieren?« Ich nehme mir Zeit, meinen Gedanken und Gefühlen auf den Grund zu gehen, bis ich weiß: »Ja, so zu leben kostet mich etwas, aber ich bin bereit, diesen Preis zu bezahlen, weil es meinen Werten und dem, was ich mir wünsche, entspricht.«

Erst dann bin ich bereit, mir selbst die beste aller Fragen zu stellen: »Was will ich jetzt tun?«

Und weiter ins Leben zu gehen.

Fragen zum Weiterdenken

Will ich (mehr) Reflexionszeiten in mein Leben integrieren? In welcher Form wäre es gut und für mein Leben passend?

....

....

....

Welche meiner Werte habe ich in den letzten Tagen erfolgreich ausgelebt? Was habe ich dabei richtig gemacht?

....

....

....

Welche meiner Handlungen führen nicht zu dem erwünschten Ziel? Was will ich ab jetzt (anders) tun?

....

....

....

Kurz und knapp: Zum Leben eingeladen

Eine Möglichkeit, Entscheidungen klarer zu treffen, ist zu überlegen: Was würde geschehen, wenn ich das immer täte? Wie ich bereits beschrieben habe, fällt die Entscheidung für den konkreten Fall manchmal leichter, wenn ich mir überlege, wie sich etwas auf mein Leben auswirken würde, wenn ich es häufiger täte: Was würde passieren, wenn ich immer die Tafel Schokolade oder die Tüte Chips esse? Oder immer Überstunden mache?

Beim Nachdenken über das »immer« kann man die Auswirkungen einer einzelnen Entscheidung deutlicher erkennen und kann sich dann meist auch klarer entscheiden. Die Entscheidung kann natürlich auch lauten, jetzt eine Ausnahme von der Regel zu machen: »Ja, es wäre nicht gut, wenn ich das immer täte, aber heute entscheide ich mich bewusst dafür, es zu tun.«

Eine extreme Form der »Immer«-Frage ist die Frage nach dem »ewig«. Wenn ich ewig leben würde, würde ich weiter so leben und handeln wollen, wie ich es jetzt gerade tue? Wenn ich ewig leben würde, würde ich mich weiter so für die Firma aufreiben wollen, wie jetzt gerade? Wenn ich ewig leben würde, würde ich ewig so neidisch auf andere sein wollen? Würde ich ewig so wenig Zeit mit meiner Familie verbringen wollen? Würde ich bis in alle Ewigkeit so hart mit mir selbst sein wollen? Möchte ich ewig ärgerlich, frustriert, zornig und genervt sein?

Die Frage kann man natürlich auch in die andere Richtung stellen. Welche meiner Charaktereigenschaften und Verhaltensmuster möchte ich gerne für immer zum Ausdruck bringen? Welche stärkenden Gefühle ewig haben? Welche Aspekte meines Lebens sind gut und es wert, dass sie mich eine Ewigkeit lang begleiten? Welche Praktiken, Denk- und Verhaltensmuster führen dazu, dass ich mich glücklich, entspannt, zufrieden, warmherzig und offen fühle? Welche davon möchte ich weiter pflegen? Was ist gut an meinem Leben? Was soll so bleiben wie es ist – und vielleicht noch stärker werden? 30

Diese Perspektive hilft mir, klarer zu erkennen, was in meinem Leben langfristig gut ist, was nicht. Und wenn ich erkenne, dass ich bestimmte destruktive Muster nicht ewig in meinem Leben behalten will, dann könnte ich doch eigentlich auch gleich Mittel und Wege finden, diesen Zustand zu beenden.

Es tut gut, sich manchmal die große Perspektive vor Augen zu malen – welche Konsequenzen hätte mein Verhalten für immer? Aber auch jede konkrete Einzelsituation stellt uns vor die Wahl, ob wir das Leben wählen oder den Tod. Die Antwort auf die Frage: »Vor welche Aufgabe stellt mich die Situation, in der ich gerade bin?« wird immer lauten: »Diese Situation stellt mir die Aufgabe, am Leben zu bleiben!«

Mal wird »am Leben bleiben« bedeuten, offen zu bleiben und ein weiches Herz zu behalten. In anderen Situationen kann Leben heißen, nicht zu erstarren, sondern in Bewegung zu bleiben. Und wieder einmal kann lebendig sein bedeuten, etwas wahrzunehmen und achtsam zu sein – mit sich selbst und anderen. Egal, wie die Antwort im Detail aussieht, die Antwort wird immer lauten: »Am Leben bleiben!« – ein Leben lang. Das ist die wunderbare und herausfordernde Aufgabe, die das Leben uns stellt.

Dieses Buch hat Ihnen eine Vielzahl von Aspekten aufgezeigt, die helfen, zu erkennen, ob ein bestimmtes Verhalten Leben fördert oder hinderlich ist. Die sieben Grundthemen und 21 Einzelaspekte sind nicht umfassend. Ihnen fallen garantiert noch weitere ein oder auf. Es geht mir auch nicht darum, dass Sie alle meine Punkte im Kopf haben und wie ein Programm abarbeiten. Es geht mir vielmehr darum, dass Sie an den Stellen, an denen Sie Lebensblockaden empfinden, ein Stück Mut finden, sich dem Leben neu zu öffnen. Das Leben ist wie ein lebendiger Fluss, an dessen Flussbett viele verschiedene Felder und Blumen darauf warten, bewässert zu werden. Weil wir in unserem Leben die eine oder andere Überschwemmung erlebt haben, haben wir die Schotten an verschiedenen Stellen dicht gemacht, mit dem Ergebnis, dass in diesem Bereich nichts mehr wächst. Wo wir »dicht« gemacht haben, hat mit unserer ganz eigenen Geschichte zu tun, unseren Prägungen und negativen Erfahrungen.

Spring wollte nichts weiter, als Ihnen zu helfen, dort genauer hinzusehen, wo Bereiche Ihres persönlichen Lebens nicht mehr mit Leben erfüllt sind. Und Ihnen Mut machen, die Entscheidung zu treffen, sich wieder auf das Leben einzulassen und das Leben in diese Bereiche fließen zu lassen, damit Ihr Leben in seiner Einzigartigkeit aufblüht.

Ich hoffe, dass dieses Buch Ihnen Anregungen und Impulse gegeben hat, sich voll und ganz auf Ihr Leben einzulassen und Ihr Leben zu leben. Ich habe mich bei der Arbeit an diesem Buch neu in das Leben verliebt. Das wünsche ich Ihnen auch.

Über Ihr Feedback, Ihre Kommentare, Fragen und Erfahrungen mit *Spring* freue ich mich. Sie können mich auch gerne zu einem Seminar über dieses oder andere Themen einladen. Schreiben Sie mir doch einfach! Ich werde Ihnen auf alle Fälle antworten.

Und nun kann ich nur noch eines sagen:
Spring – hinein ins volle Leben.
Jetzt!

Persönliches Nachwort

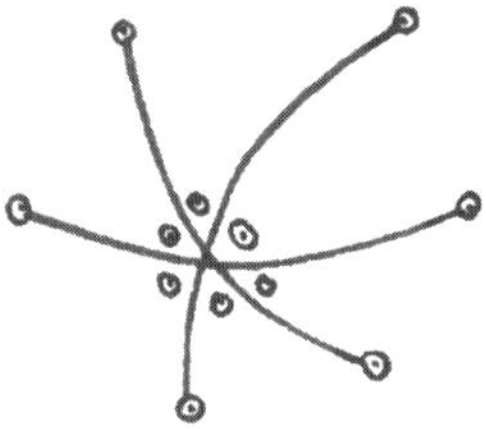

Sie werden es beim Lesen gemerkt haben: Es liegt mir nichts daran, Menschen von meiner Meinung zu überzeugen. Ich möchte Gedanken und Impulse weiter geben und zum Leben einladen und jedem Leser die Freiheit lassen, auszuwählen, was für ihn oder sie passt.

Ich bin leidenschaftlich überzeugt von den Schätzen und Gedanken, die ich im Lauf der Jahre über das Leben entdeckte und von denen ich einige hier niedergeschrieben habe. »Ja« zum Leben sagen, einmal und immer wieder sowie mein Leben zu gestalten, gehört für mich zu den Grundhaltungen, die das Leben stark und lebenswert machen.

Und ich will – soweit ich sie erkenne – destruktive Lebensmuster aus meinem Dasein verbannen. Ich sage ihnen mit aller Leidenschaft, die in mir steckt, den Kampf an. Das gibt meinem Leben Kraft.

Aber manchmal komme ich trotz aller Lebensbejahung und wilden Entschlossenheit, nichts Tödlichem Raum zu geben, an meine Grenzen. Es gibt Muster, die sitzen so tief, dass ich sie kaum erkennen, geschweige denn lösen kann.

In solchen Situationen, wenn ich an mir und meiner Leb-losigkeit leide, dann fasziniert und tröstet mich der Glaube, dass es einen Gott gibt, der das Leben schuf und selbst das Leben ist. »Alles Leben ist Begegnung. Ich werde am Du.« So formulierte der große jüdische Rabbi Martin Buber einmal. Ich werde am Du. Ich werde am Du lebendig oder durch das Du verletzt und zerbrochen.

Es ist für mich, gerade wenn ich an meiner eigenen Begrenztheit leide, tröstend, zu wissen und zu spüren, dass Gott als unbegrenztes, aber immer lebendiges Du mir beim Lebendigwerden hilft. Seine »Lebens-Geschichte« fasziniert mich:

Als die Menschen durch falsche, lebensraubende, Beziehung zerstörende Entscheidungen den Weg zum Leben verloren hatten, ging Gott ihnen nach. Er wurde Mensch und ging den Weg in den Tod, um ein für alle Mal den Tod von uns zu nehmen und uns den Weg zurück ins Leben zu zeigen. Das ist die verrückteste, faszinierendste Geschichte, die ich kenne. Da ist ein Gott, der das Leben schuf und nun das Leben selbst wieder zurücklässt, um für uns in den Tod zu gehen.

Letztlich ist es eine Geschichte, die so verrückt und unbegreiflich ist, dass ich sie nach Jahren der Auseinandersetzung mit dem, was da beschrieben wird, noch immer nicht in der Tiefe erfasst habe. Aber eine Geschichte, deren Kraft und Auswirkungen ich immer wieder erlebe.

Ja, ich kann mich in 1001 Situation entscheiden, mich dem Leben zuzuwenden, am Leben zu bleiben, nicht in den Tod zu gehen. Und ich tue es auch. Dazu habe ich mich entschieden. Das habe ich geübt. Das gibt mir Kraft. Aber manchmal reicht die Kraft meiner Entscheidung nicht aus. Die Kräfte des Todes, die an mir zerren, die Verletztheit, die Wut, der Zorn, die Angst sind so stark, dass es mir schwer fällt, mich dem Leben zuzuwenden. Ich habe Angst, wieder verletzt, enttäuscht oder im Stich gelassen zu werden. Und meine innere Kraft reicht nicht aus, um die Angst zu überwinden.

In solchen Situationen hilft es mir, mit meinem Gott ins Gespräch zu treten. Dem Gott, der das Leben schuf, der Leben geben kann, der aber auch den Tod kennt und besiegt hat. Dem Gott, der den Tod in mir kennt und mich davon lösen kann. Und der mich zum Leben einlädt. Einmal und immer wieder neu.

Und in der Begegnung mit ihm finde ich Leben.
Das wünsche ich Ihnen auch.

Herzlichst, Ihre Kerstin Hack

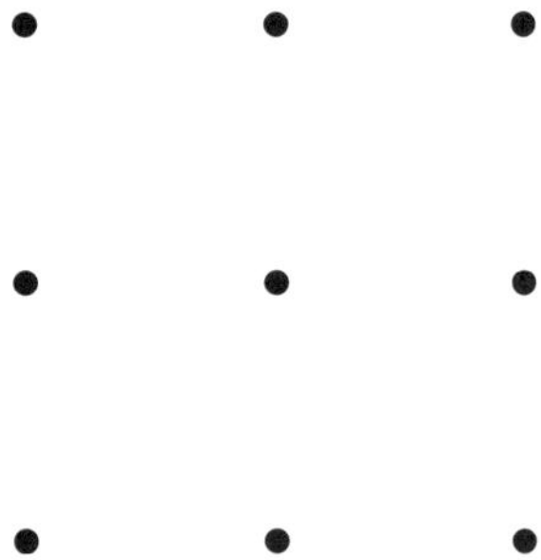

Verbinden Sie alle neun Punkte durch vier gerade, aufeinander folgende Linien!

Erst selbst probieren. Nur im Notfall auf die Lösung rechts schauen. ►

Seminare

Erleben Sie **Spring** live!

Vorträge und Coaching
mit Kerstin Hack

Vorträge
Kerstin Hack kann zu Vorträgen über »Spring – Hinein ins volle Leben« eingeladen werden. Sie referiert tiefgründig, humorvoll und lebensnah. Veranstalter von Events für Geschäftsleute, Frühstückstreffen, Gemeinden und Schulungen finden in ihr eine kompetente und inspirierende Referentin zu Spring und anderen Themen.

Coaching und Beratung
Sie möchten im Alltag lebendiger leben, stecken aber in alten Mustern fest? Sie suchen Begleitung und Beratung, um weiterzukommen?

Kerstin Hack bietet Ihnen professionelles Coaching und Begleitung nach dem Konzept der systemisch-lösungsorientierten Beratung an.

Mehr Infos unter
www.kerstinhack.de

Kontakt:
Kerstin Hack
Down to Earth

Laubacher Str. 16 II
14197 Berlin
Telefon: 030 8227962

info@kerstinhack.de
www.down-to-earth.de
www.kerstinhack.de